大学生思想政治教育工作研究

主 编 刘小倩 张玉敏

郑州大学出版社

图书在版编目(CIP)数据

大学生思想政治教育工作研究 / 刘小倩,张玉敏主编. -- 郑州：郑州大学出版社,2025.7. -- ISBN 978-7-5773-1036-7

Ⅰ.G641

中国国家版本馆 CIP 数据核字第 2025V3E009 号

大学生思想政治教育工作研究
DAXUESHENG SIXIANG ZHENGZHI JIAOYU GONGZUO YANJIU

策划编辑	陈文静		封面设计	陈　青
责任编辑	许久峰　赵佳雪		版式设计	苏永生
责任校对	丁晓雯		责任监制	朱亚君

出版发行	郑州大学出版社	地　　址	河南省郑州市高新技术开发区
经　　销	全国新华书店		长椿路 11 号(450001)
发行电话	0371-66966070	网　　址	http://www.zzup.cn
印　　刷	河北虎彩印刷有限公司		
开　　本	787 mm×1 092 mm　1 / 16		
印　　张	10.5	字　　数	220 千字
版　　次	2025 年 7 月第 1 版	印　　次	2025 年 7 月第 1 次印刷
书　　号	ISBN 978-7-5773-1036-7	定　　价	52.00 元

本书如有印装质量问题,请与本社联系调换。

作者名单

主　　编　刘小倩　张玉敏
副 主 编　周春蕾　裴晓敏
编　　委　(以姓氏笔画为序)
　　　　　车奇涛(河南中医药大学)
　　　　　刘小倩(河南中医药大学)
　　　　　刘逸青(河南中医药大学)
　　　　　吴林原(河南中医药大学)
　　　　　张玉敏(河南中医药大学)
　　　　　周春蕾(河南中医药大学)
　　　　　彭一凡(河南中医药大学)
　　　　　裴晓敏(河南中医药大学)

前 言

伴随着经济全球化、社会信息化和思想文化多元化的涌流,我国高等教育和大学生思想政治工作面临着严峻的挑战。面对新形势和新要求,思想政治工作需要全方位、全要素、全过程协同创新,要以理念创新为先导,着力构筑全方位协同育人的教育格局;要以内涵创新为重点,着力提升全要素协同育人的教育效果;要以管理创新为保障,着力健全和完善全员协同育人的长效机制;要以载体创新为抓手,着力营造全过程协同育人的教育环境,努力开创大学生思想政治工作新局面。

基于此,本书以"大学生思想政治教育工作研究"为题,全书共分为六章。第一章阐释大学生思想政治教育的理念、格局和价值;第二章分析理想信念教育与大学生思想政治教育的关系、大学生理想信念教育的影响因素和提升路径;第三章探讨日常思想政治工作与思想政治理论课的关系、差异性、统一性及具体融合;第四章讨论大学生网络思想政治教育的主客体、网络传播与大学生思想政治教育、大数据与大学生网络思想政治教育及大学生网络思想政治教育的创新路径;第五章解析大学生思想政治教育队伍的内涵、特点、建设内容及建设路径;第六章探究大学生思想政治教育的智慧课堂创新路径、大学生网络思想政治教育生态化的创新路径及中华优秀传统文化融入大学生思想政治教育路径。本书秉承新颖的理念,内容丰富详尽,结构逻辑清晰,客观实用,从大学生思想政治教育理论前提引入,系统性地对理想信念教育、大学生日常思想政治教育工作与思想政治理论课的融合、大学生网络思想政治教育工作创新、大学生思想政治教育队伍建设、大学生思想政治教育工作创新路径进行解读。另外,本书注重理论与实践的紧密结合,对我国高校思想政治教育发展具有一定的参考价值。

本书依托2024年度河南省高等教育教学改革研究与实践项目(思政课类)"新时代中医药高校思政课体验式实践教学的逻辑建构与实践探索"(项目编号:2024SJGLX0994)以及2021年度河南省教育厅人文社会科学研究一般项目"立德树人视角下高校教师党支部建设的着力点研究"(项目编号:2021-ZZJH-198)。

本书第一章和第五章由刘小倩编写；第二章和第六章由张玉敏编写；第四章第一、二、三节由周春蕾编写；第三章和第四章第四节由裴晓敏编写。车奇涛、刘逸青、吴林原、彭一凡参与本书的校对、格式调整等工作。本书的撰写得到了许多专家学者的帮助和指导，在此表示诚挚的谢意。由于笔者水平有限，书中内容难免有疏漏与不足之处，希望各位读者多提宝贵意见，以待进一步修改，使之更加完善。

编者

2025 年 3 月

目 录

第一章　大学生思想政治教育的理论前提 …… 001
第一节　大学生思想政治教育的理念 …… 001
一、大学生思想政治教育理念的界定 …… 001
二、大学生思想政治教育理念的内容 …… 002
第二节　大学生思想政治教育的格局 …… 009
一、明确大学生思想政治教育的目标任务 …… 009
二、确立大学生思想政治教育的科学理念 …… 011
三、合理设计大学生思想政治教育内容 …… 013
四、立体构建大学生思想政治教育载体 …… 014
五、建立大学生思想政治教育保障体系 …… 018
第三节　大学生思想政治教育的价值 …… 023
一、大学生思想政治教育价值概念的界定 …… 023
二、大学生思想政治教育价值的基本特征 …… 024
三、大学生思想政治教育价值的多种形态 …… 026
四、大学生思想政治教育价值的主要内容 …… 028

第二章　大学生思想政治教育工作的核心——理想信念教育 …… 036
第一节　理想信念教育与大学生思想政治教育的关系 …… 036
一、理想信念教育是信仰教育的核心 …… 036
二、理想信念教育是大学生思想政治工作的灵魂 …… 038
第二节　大学生理想信念教育的影响因素 …… 039
一、影响大学生理想信念教育的国际因素 …… 039
二、影响大学生理想信念教育的国内因素 …… 041
第三节　大学生理想信念教育的提升路径 …… 044

一、丰富大学生理想信念教育的内容 ························· 044
　　二、创新大学生理想信念教育的方式 ························· 049
　　三、完善大学生理想信念教育制度 ··························· 052

第三章　大学生日常思想政治工作与思想政治理论课的融合路径 ··· 056
第一节　日常思想政治工作与思想政治理论课的关系 ··············· 056
　　一、日常思想政治工作——大学生思想政治教育主阵地 ········· 056
　　二、思想政治理论课——大学生思想政治教育主渠道 ··········· 057
第二节　思想政治理论课与日常思想政治工作的差异性 ············· 070
　　一、教育主体的差异性 ···································· 070
　　二、教育方式的差异性 ···································· 071
第三节　思想政治理论课与日常思想政治工作的统一性 ············· 072
　　一、教育目标的一致性 ···································· 072
　　二、教育方式的互补性 ···································· 073
　　三、教育实效的相关性 ···································· 074
第四节　日常思想政治工作与思想政治理论课的具体融合 ··········· 075
　　一、思想政治理论课教师与辅导员工作队伍的融合 ············· 075
　　二、思想政治理论课与大学生团学活动的融合 ················· 077
　　三、思想政治理论课与大学生职业生涯规划的融合 ············· 080
　　四、思想政治理论课与大学生社会实践活动的融合 ············· 082

第四章　大学生网络思想政治教育工作及其创新路径 ··············· 085
第一节　大学生网络思想政治教育的主客体 ······················· 085
　　一、大学生网络思想政治教育的接受主体 ····················· 085
　　二、大学生网络思想政治教育的施行主体 ····················· 088
第二节　网络传播与大学生思想政治教育 ························· 092
　　一、网络平台是大学生思想政治教育的新载体 ················· 092
　　二、网络传播视域下大学生思想政治教育有效性的提升 ········· 099
第三节　大数据与大学生网络思想政治教育 ······················· 104
　　一、大数据的相关概念 ···································· 104
　　二、大数据在大学生网络思想政治教育中的应用 ··············· 107
　　三、校园大数据构建策略 ·································· 108
第四节　大学生网络思想政治教育的创新路径 ····················· 109
　　一、促进思想政治教育与社会主义核心价值观的融合 ··········· 109

二、实现思想政治理论与实践的创新机制研究 …………………… 114
三、提高思想政治教育工作者的理论水平 …………………………… 116

第五章　大学生思想政治教育队伍建设与路径探析 …………… 118
第一节　大学生思想政治教育队伍的内涵 …………………………… 118
第二节　大学生思想政治教育队伍的特点 …………………………… 119
一、明确的目的性 ………………………………………………………… 119
二、较强的综合性 ………………………………………………………… 120
三、突出的专业性 ………………………………………………………… 120
四、深刻的实践性 ………………………………………………………… 121
第三节　大学生思想政治教育队伍建设的内容 ……………………… 121
第四节　大学生思想政治教育队伍建设的路径 ……………………… 122
一、加强思想政治教育课教师队伍建设 ………………………………… 122
二、加强高校辅导员队伍建设 …………………………………………… 124
三、加强心理健康教育教师队伍建设 …………………………………… 126
四、加强家庭、学校、社会合力 ………………………………………… 128

第六章　新形势下大学生思想政治教育工作的创新路径 ………… 131
第一节　大学生思想政治教育的智慧课堂创新路径 ………………… 131
一、大学生思想政治教育的智慧课堂分析 ……………………………… 131
二、大学生思想政治教育智慧课堂的建设 ……………………………… 134
第二节　大学生网络思想政治教育生态化的创新路径 ……………… 138
一、大学生网络思想政治教育生态化的方法解读 ……………………… 138
二、大学生网络思想政治教育生态化的路径探索 ……………………… 139
第三节　中华优秀传统文化融入大学生思想政治教育的路径 ……… 144
一、中华优秀传统文化融入大学生思想政治教育的意义 ……………… 144
二、中华优秀传统文化融入大学生思想政治教育的路径 ……………… 152

结束语 ………………………………………………………………………… 154

参考文献 ……………………………………………………………………… 156

第一章 大学生思想政治教育的理论前提

第一节 大学生思想政治教育的理念

一、大学生思想政治教育理念的界定

理念,通常指主体根据自己对事物本质和发展趋势的理解和判断,根据自己对社会发展需要和对个体本性的体验,经过长期的过滤、积淀和检验而固定下来的思想观念。这种思想观念既是一种高度理性化的观念,也是一种高度价值性的观念。科学的理念既应是对事物发展的本质联系和趋势规律性的正确揭示,也应是人类、集体和个体发展需要的正确反映,还应当是合规律性和合目的性的统一。

大学生思想政治教育理念,既应当反映大学生存在和发展的本质要求,也应当反映思想政治教育的本质属性和发展要求;既应当反映大学生群体发展和进步的本质需求,又应当反映大学生个体发展和完善的趋势。

对理念的界定角度不同,所要达到的目的也会不同。在界定大学生思想政治教育理念时,需要重点考虑以下三项内容。

1. 了解大学生思想政治教育理念的功能与价值 理论来源于实践,理论又指导实践。科学的思想政治教育实践需要科学的思想政治教育理念引领。开展大学生思想政治工作首先要了解大学生思想政治教育的理念所具有的功能和价值,否则,大学生思想政治教育理念的研究就失去了意义和方向,思想政治教育实践也将是盲目的实践。

2. 了解大学生思想政治教育理念的依据 任何理念的确立都必须有自己的依据,科学的思想政治教育理念亦是如此。没有依据的理念就不具有积极的功能和价值,当然就起不到对社会进步的积极推动作用。

3. 建构创新完善的机制　研究大学生思想政治教育理念如何在社会发展的过程中，在人类对大学生思想政治教育的发展具有新的认识、新的判断的基础上，在大学生思想政治教育的新的经验、新的发展的前提下，使大学生思想政治教育的理念更科学、更完善，更能符合社会、高校和大学生等各个方面发展的新要求。

二、大学生思想政治教育理念的内容

（一）以人为本理念

以人为本是大学生思想政治教育的核心理念，强调在教育过程中始终将学生视为教育的主体，关注学生的全面发展和个性化需求。这一理念体现了对教育对象的尊重和关怀，是思想政治教育取得实效的重要保证。

1. 以人为本理念的体现　主要为以下几个方面。

（1）尊重学生主体地位。以人为本的理念首先要求尊重学生的主体地位，充分认识到学生是思想政治教育的主体，而不是被动接受教育的对象。学生具有独立的思考能力和自主的学习需求，思想政治教育应充分调动学生的主动性、积极性和创造性，引导学生自主学习、自我教育、自我管理。

（2）关注学生全面发展。以人为本的理念强调思想政治教育不仅要关注学生的知识学习，还要注重学生的思想道德、心理素质、实践能力等多方面的培养。思想政治教育的目标是培养德智体美劳全面发展的社会主义建设者和接班人，因此教育内容和方法应全面覆盖学生的各个方面，促进学生的全面发展。

（3）满足学生实际需求。思想政治教育的内容和方法应贴近学生的生活实际，解决学生在学习、生活和成长过程中遇到的实际问题。教育者需要深入了解学生的需求，关注学生的兴趣和困惑，使思想政治教育能够真正回应学生的需求，增强教育的针对性和实效性。

2. 实践以人为本理念的路径　以人为本理念体现了对教育对象的尊重和关怀，是思想政治教育取得实效的重要保证。以下是将这一理念付诸实践的具体路径。

（1）重视学生的内在心理需求。思想政治教育工作应充分考虑大学生的内在心理需求，根据其内在心理需求组织设计和开展教育活动。大学生的内在心理需求是他们接受外部教育影响的根本前提，只有满足这些需求，才能促进他们自觉接受思想政治教育，提高自身思想政治素质。例如，通过开展心理健康讲座和团体辅导活动，帮助学生解决心理问题，增强他们的心理素质。

（2）考虑学生的个体差异。大学生由于受自身条件、环境、教育和主观能动性不同的影响，其素质结构不可能完全一致。教育者应充分认识到这一点，避免采用"一刀切"的教育方法,而是根据学生的个体差异,设计个性化的教育方案。例如,对于学习困难的学生,提供学习辅导和心理支持;对于有特长的学生,鼓励其发挥优势,参与相关活动。

（3）注重学生的自我教育。思想政治教育的最终实现,必须将外部教育压力转化为学生的内在动力,这不仅依靠教育者的引导,更依赖于学生的自我教育。高校思想政治教育应引导大学生开展积极的自我教育,触及他们更深层的心理层面,帮助他们形成正确的人生观、世界观和价值观。例如,通过组织学生开展自我反思、自我评价等活动,促进他们的自我成长。

（4）建立科学的教学机制。建立科学的大学生思想政治教育教学机制,引导和鼓励学生参与思想政治教学活动,是提高思想政治教育效果的关键。在教学过程中,可以让大学生参与课堂教学,如对社会热点问题的讨论、辩论等,也可以通过社会调查与实践、志愿服务等活动,发挥学生的主动性和能动性。例如,通过组织学生参与校内外的志愿者活动,培养他们的社会责任感。

（5）优化教育资源配置。以人为本理念要求在教育资源配置方面,充分考虑学生的实际需求,确保教育资源的公平分配。例如,我国政府加大了对农村和贫困地区教育的投入,努力缩小城乡教育差距,这为思想政治教育的全面实施提供了有力支持。

通过以上实践路径,以人为本的理念能够在大学生思想政治教育中得到充分体现,从而增强教育的针对性和实效性,促进学生的全面发展。

（二）立德树人理念

立德树人是新时代教育的根本任务,强调通过思想政治教育实现铸魂育人,将社会主义道德规范融入教育教学全过程,培养德智体美劳全面发展的社会主义建设者和接班人。立德树人强调育人与育才的统一,其中育人是根本。人无德不立,育人的核心在于立德。只有立德为先,才能培养出对国家、社会有用的人才。习近平总书记指出,教育的根本任务是培养社会主义建设者和接班人,必须把培养社会主义建设者和接班人作为教育的根本任务。立德树人中的"德"不仅包括个人品德,也包括社会公德和报效祖国、服务人民的大德。教育要引导学生树立共产主义远大理想和中国特色社会主义共同理想,确保学生具备正确的世界观、人生观和价值观。

1. 构建"三全育人"格局　"三全育人"即全员育人、全过程育人、全方位育人,是新时代高校思想政治教育的重要理念和实践路径。构建"三全育人"格局,旨在通过整合各方资源、优化育人环境、创新育人机制,形成全方位、全过程、全员参与的育人体系,全面提升思想政治教育的实效性和针对性,培养德智体美劳全面发展的社会主义建设者和接班人。

2. 多维协同推进"三进"与实践创新　推进党的创新理论进教材、进课堂、进头脑,通过《习近平新时代中国特色社会主义思想学生读本》等教材,增强学生的思想政治素养。

深化课程思政建设,推动各类课程与思政课程同向同行,形成协同效应,实现课程思政"润物无声"的效果。上好"大思政课",将课本理论知识与社会实践现实结合起来,引导学生在实践中践行社会主义核心价值观。

3. 强化师德师风建设　师德师风是教师队伍建设的灵魂,是落实立德树人根本任务的关键保障。教师的职业特性决定了其必须具备高尚的道德品质和良好的师德风范。教师不仅是知识的传授者,更是学生思想的引导者和人格的塑造者。师德师风直接影响学生的价值观和行为习惯,对学生的成长和发展具有深远意义。强化师德师风建设,不仅是提升教师队伍素质的内在要求,更是培养德智体美劳全面发展的社会主义建设者和接班人的必然选择。高校要建立健全师德建设长效机制,构建理论教育、品牌活动、正向激励有机融合的教职工思想政治教育体系,打造高素质教师队伍。

(三) 全面发展的理念

全面发展即人的全面发展,指人的体力和智力的充分发展,又指人在德智体美劳,各方面和谐地发展。教育是造就人的全面发展的重要方法,在大学生思想政治教育中,必须用全面发展的理念教育大学生。在大学生思想政治教育工作中,必须以大学生全面发展为目标。大学生是民族的希望、祖国的未来,是国家的建设者和可靠接班人。新时期大学生思想政治教育应在总体指向的统领下,进一步丰富发展其目标的具体内涵,适应国际国内形势的深刻变化。这是当前和今后一个时期高校思想政治教育建设亟待解决的重要命题。因而,必须使大学生健康成长,使其思想道德素质、科学文化素质和身体健康素质等方面都得到提升。

1. 大学生思想政治教育应服务服从于大学生的全面发展　大学生思想政治素质的提高为大学生成长成才提供强大精神支撑。大学生的全面成长成才要以人为本,把大学生思想政治教育与学生成长成才需要结合起来,引导大学生坚持学习科学文化与加强思想政治修养的统一,学习书本知识与投身社会实践的统一,实现自身价值与服务祖国人民的统一,树立远大理想与进行艰苦奋斗的统一,为实现中华民族伟大复兴做出更大贡献。

2. 大学生思想政治教育应以促进大学生全面发展为出发点和落脚点　大学生思想政治教育应根据社会和大学生思想变化的实际,不断总结,不断扩展新视野,做出新概括,丰富大学生思想政治理论教育,以多渠道、多方式促进大学生全面发展。在大学生思想政治教育中无论是加强文化、网络、科技、伦理等领域建设,还是为大学生提供多样的社会实践活动,还是拓宽高校校园文化建设领域等,其出发点和落脚点都是为了大学生能够全面发展,成为社会主义事业的合格建设者和接班人。

3. 大学生思想政治教育应服务于大学生的健康成长　大学生思想政治教育要以促进学生成长成才为目标,积极创造条件,为大学生成长成才服务。在做好大学生成长成才教育的过程中，还应关注大学生的心理健康，加强大学生心理健康教育，使其健康成长。

4. 大学生思想政治教育应有助于大学生人力资源的开发　随着社会的进步和发展，特别是随着知识经济的到来，科技、文化功能的强化，社会发展越来越依靠人的素质的全面提高，社会将越来越重视人力资源的开发。我国现代化建设的进程，在很大程度上取决于国民素质的提高和人才资源的开发。要实现这一任务，必须注重人的非智力资源的开发，特别是注重科学管理和大学生思想政治教育。人力资源开发，从根本上讲，就是要制定一系列政策措施极大地调动人的积极性、主动性、能动性，解放人的思想，激发人的创造性，充分挖掘人的潜能，从而全面实现人的价值，使人获得真正的全面发展。

5. 大学生思想政治教育应解决大学生遇到的实际问题　随着社会的快速发展，许多现实问题应运而生，大学生同样面临许多现实问题，如突发灾难造成的家庭贫困问题、网络多元文化造成的价值观多元问题及就业难等问题。如何解决他们的实际困难是高等教育工作的重要任务。这就要求大学生思想政治教育工作者切实了解大学生遇到的实际困难，与他们谈心、沟通，了解他们的心理状态，为其提供帮助。除此之外，高校和社会也应为大学生提供更多的实际帮助以解决大学生面临的问题。

（四）和谐发展的理念

大学生思想政治教育应适应现代社会的发展，以和谐发展理念为指导，营造和谐的环境氛围、引导大学生建立和谐的人际关系。

1. 营造和谐环境　和谐环境的营造在大学生思想政治教育中具有重要的意义，它对培养大学生的政治认知、实践能力、分析问题和解决问题的能力以及大学生思想政治素质起重要作用，是加强和改进大学生思想政治教育系统中不可分割的并起协调、平衡、互为作用的重要因素。营造大学生思想政治教育的和谐环境，就要从大学生思想政治教育工作的理念和体系、管理体制、教育内容和传统的教育方法的革新、学校内部硬软件建设、教学管理等各个方面建构符合并体现各个构成要素的内在联系，并确保其有效运行，使之成为人们普遍认可并自觉选择的评判标准和行为。营造和谐的大学生思想政治教育环境应从以下五个方面入手。

（1）加强大学生思想政治教育工作队伍建设。这是营造大学生思想政治教育和谐环境的前提。加强和改善大学生思想政治教育工作是由社会主义高校本质属性决定的，在任何时候和任何条件下都应对其地位给予保障。大学生思想政治教育工作是做人的工作，具有示范和导向作用，好的形象能够增强大学生思想政治教育工作的说服力、凝聚力和感召力，这就要求从事这项工作的队伍应当由素质强、觉悟高、作风硬且具有合理知识结构和丰富工作经验的优秀人才组成。应本着"精干高效"的原则，建立一支能适应新时代大学生思想政治教育工作的高素质的专兼职队伍。

（2）提高大学生思想政治教育工作队伍的整体能力和素质。大学生思想政治教育工作者要有驾驭大学生思想政治教育工作的能力,使大学生感受到其工作是实在的、可信的、真诚的。亲其师才能信其道,这就要求高校大学生思想政治教育工作者树立起虚心好学的形象,树立起奋斗者与奉献者的形象、勇于创新的开拓者形象以及实事求是的务实者形象。

（3）实现多种教育教学方式的和谐。切实改进高等学校思想政治理论课教育教学的方式和方法,使之努力贴近大学生实际,符合教育教学规律、大学生成长规律和学习特点,提倡启发式、参与式、研究式教学,提高思想政治理论课吸引力。多用通俗易懂的语言、贴近大学生又体现时代特色的话语表达,提升话语亲和力。运用生动鲜活的事例、新颖活泼的形式,活跃教学气氛,启发学生思考,增强教学效果。为顺应时代发展潮流,教师的现代教育技术培训显得尤为必要。教师应充分利用高校资源优势,运用多媒体、网络等现代传播手段,充分重视网络论坛,发挥校园网主阵地的正面效能,建立大学生思想政治教育网络平台,形成正确的校园信息导向。要大力推进多媒体和网络技术的广泛应用,加强校园文化建设,发挥第二课堂作用,努力营造有利于大学生全面成长和发展的和谐环境和氛围。

（4）实现理论与实践的和谐。大学生是知识、能力、情操等的主动获取者。大学生是否主动参与,是衡量大学生思想政治教育实效的重要标志。学习是学生认知结构的建立、改造和重组的过程,学生是积极意义构建的主体。所以,大学生只有亲身参加大学生思想政治教育实践活动,调动各种积极因素（包括运用现代信息技术）来激发学生主动探索的动机、端正学生主动探索的态度、激励学生主动开拓的精神,才能获得真知。知识来源于实践,虽然大学生的学习主要是接受人类已有的知识,但是实践教学过程要充分利用学生的直接经验,要密切联系大学生生活实际、社会生产实际和已有的知识。在大学生学习过程中,要充分利用教具、学具、课件让大学生观察、操作、实验、探索,引导大学生去做、去思考、去练习、去应用、去实践、去探索。知识是人类实践经验的总结,也是人类文明的结晶,大学生学习知识,会应用,会举一反三,会融会贯通,才是真知,才具有稳定性、长效性。

（5）实现各种关系的和谐。大学生思想政治教育是高校内部的一个系统工程,它离不开高校师生双方努力,要实现"全员育人、全过程育人、全方位育人"。首先,党员干部队伍、教师队伍、学生工作队伍、管理服务队伍要同心同德、同向发力、协同育人,凝聚形成全员育人合力。其次,各类课程要与思想政治理论课同向同行,思想道德、文化知识、社会实践等教育各环节同频共振,第一课堂和第二课堂有机衔接,思政小课堂融入社会大课堂,大学的党团组织和校园文化都在课堂教学主渠道外发挥重要推动作用。

2.引导大学生建立和谐的人际交往关系　人是社会的人,人类离不开相互之间的交往。随着网络的快速发展,大学生大多已成为网络原住民,但是人是现实中的人,人不能仅生活在虚拟世界中,因而现实中的人际交往仍然很重要。大学生的主要精力是学习,大部分时间在校园里度过,他们对人际交往的关注较少,交往的范围也比较狭窄。这并不利于大学生自身的成长,应加以改变。大学生实现和谐人际交往的具体做法有以下四点。

(1)引导大学生进行内在调整。大学生要先从自我开始,重新认识自我,尊重自我,接受自我,正视和包容自己的缺陷和不足。

(2)引导大学生待人要诚恳真切。人与人之间交往最可贵的就是真诚,真诚并非智慧,但往往散发出比智慧更强大的魅力。真诚是和谐人际关系的坚实基石,只有真诚,才能建立起长久、深厚的关系,没有人愿意和一个虚情假意的人进行心与心的沟通。

(3)引导大学生要有一颗开放包容的心。大学生不仅要学会排解自己所遭遇的烦恼,也要培养对自然与社会的好奇心与热情。

(4)引导大学生要努力提升自我。大学生在人际交往中不仅能散发气息感染人,也要坚守本真,不迷失自我。同时,社会或高校也应对人际交往方面有困难的同学予以帮助,尊重他们,鼓励他们,使他们在人际交往方面达到和谐状态。

(五)素质教育的理念

素质教育是依照受教育者身心发展和社会发展目标的需要,以全面提高全体受教育者的基本素质为根本目的,以尊重受教育者主体性、个性化发展,注重人的创新能力培养,为受教育者终身学习打下良好基础为特征的教育。

1. 素质教育的特性　素质教育是一种价值教育,以实现人的全面发展为目标。它具有以下五方面特性。

(1)社会性。素质教育离不开社会的政治、经济、文化等因素而孤立存在,必须放到社会大系统中进行。素质教育也是按照社会的要求、依照教育对象自身发展的特点去培养人、塑造人。在社会主义社会中,素质教育必须按照社会主义教育方针的要求,培养德智体美劳全面发展的社会主义建设者和接班人。

(2)全体性。素质教育的目标不是哪一部分人,而是面向全民族,提高全民族的整体素质。学生是中国特色社会主义的建设者和接班人,面向全体学生实行的素质教育不仅是教育机会均等的体现,也是我国全体公民素质提高的必然要求。素质教育不是一种英才教育,它要求每个学生都在自己原有的基础上和天赋允许的范围内充分发展,它不仅着眼于当前的社会需要,更注重未来社会和人类发展的需要。

(3)全面性。素质教育的目标不是人的某一方面的发展,而是人的综合、全面发展。目前,我国素质教育体现出的人的全面发展主要表现为人的德智体美劳全面发展。

(4)个性化和主体性。现代社会是多样化的社会,需要各类型人才。因而,素质教育在培养人的过程中不仅注重了人的个性化发展,还体现了人的主体性特点。个性发展是学生自身发展的落脚点和最终体现,素质教育不满足于每个人一般的、共同的发展,而是根据人的千差万别的自然本性,鼓励并积极创造条件促进其个性的发展,同时有效地引导他们,激发其主动性、创造性。每位学生在学校里都受到同样的重视,学生的不同特点都受到尊重,并且主张在课程设置、教学形式、评价方式等各个方面为学生的个性发展创造条件。

(5)创造性。社会的发展需要大批具有开拓精神和创新能力的人才。要培养学生独立思考的意识,探索真理的志向,提高学生自主学习的能力。素质教育是在人的全面发展的基础上,以人的各方面素质互相促进而使人的综合素质得到提高为立论基础,在这之上突出强调人的"创新能力和实践能力"的培养。但素质教育是面向大众的,目的是提高人的基本品质。要求全体学生都具有创新精神和创新能力,事实上也是做不到的,因此,创新教育是比素质教育层次更高的一种教育思想。

2.大学生思想政治教育中的素质教育　全面有效地实施素质教育的灵魂主要在于对大学生进行思想政治素质教育。必须全面贯彻党的教育方针,不断加强对大学生的爱国主义、集体主义、社会主义思想教育。对大学生进行思想政治素质教育,要努力做到以下三个方面。

(1)拓展大学生思想政治素质教育的内容

1)加强社会主义和爱国主义教育,教育大学生树立爱国主义、集体主义、社会主义思想,树立忠诚和热爱社会主义祖国的信念和行为品质。

2)树立一切言论行动以合乎广大人民群众的利益为最高标准的思想观念。

3)加强共产主义道德教育,教育大学生树立共产主义理想和共产主义道德思想,提高共产主义觉悟。

4)加强党的基本路线、国家法律法规教育和国情教育。

5)加强新时代思想理论教育,用科学理论武装学生头脑。

(2)丰富大学生思想政治教育的形式,努力开创大学生思想政治教育新局面

1)认真落实大学生思想政治教育在素质教育中的首要地位,发挥思政课主渠道作用。

2)探索大学生思想政治素质培养的途径,不断加强和改进日常大学生思想政治教育,在提高教育的实效上下功夫。

3)不断加强形势与政策教育,正确认识国际国内形势,了解党的路线,了解国情民情,准确把握党和国家的各项方针、政策。

4)不断加强校园文化建设,营造积极、健康的校园文化氛围,发挥校园文化在育人中的作用。比如根据不同专业特色开展不同的校园文化活动,增强大学生对专业知识学习的兴趣,加深对专业知识的感受,并将自己所学的专业知识运用于实践,运用于社会,从而达到开阔眼界、丰富知识、提高专业能力的作用,也使大学生的知识得到强化,思维能

力得到提高,从而全面提升大学生的思想政治教育的效果。

5)高度重视教育与生产劳动相结合,教育学生积极参与社会实践活动,正确认识与劳动人民的关系,增强与劳动人民的感情,走与劳动人民相结合的道路。

6)不断加强大学生心理素质和心理健康的教育。

(3)探索大学生思想政治素质培养的新方法

1)把现代化教学手段引入思想政治理论课教学之中,教师不仅要在内容上突出党的指导思想,紧密联系新的改革实践,紧扣时代发展脉搏,更要在方式和手段上适应新技术革命引发的现代信息传播方式的深刻变革。

2)改革考试方法,注重学生的日常表现。推动考评方式改革,注重统筹结果性与过程性评价,理论学习与价值引领并重,实现教材体系向知识体系的转化,知识体系向价值体系的转化。

3)在专业课教学中也要渗透大学生思想政治教育内容,与思政课同向同行、体现育人功能。

第二节 大学生思想政治教育的格局

一、明确大学生思想政治教育的目标任务

目标,是人们行动的目的和愿望,是一种预定的计划,是一个设定的标准,是一个努力的方向。在新时代,大学除了人才培养,科学研究、社会服务、对外交往、文化传承创新等功能亦不可偏废。但是,与人才培养相比,孰轻孰重,许多时候并不能很容易地取舍,因为作为巨型组织的高校有太多的利益诉求,如果不能推动科学研究,势必影响高校的竞争力;不能推动社会服务,则会影响高校拓展外部空间、获取社会资源,从而影响高校发展;如果不能推动对外交往,则不可能成为国际化大学,也很难成为世界一流大学;如果不能推动文化传承创新,则可能使高校发展缺乏内涵,没有灵魂。但是,如果不做好人才培养,那么学校就会丧失其存在的价值。

无论是中国西汉时期的太学,还是古希腊柏拉图创办的学园,人类历史上的最早的高等教育形态无一不是为了培养人才。至于科学研究与服务社会,那是到了中世纪以后资产阶级兴起以后,出于推动技术进步、促进生产的需要,才要求大学促进科学研究和技术革新,要产学研一体化。因此,重新定位大学的办学目的,重设大学教育的目标,在今天具有十分重要的现实意义。

实现"培养德智体美劳全面发展的社会主义建设者和接班人"这个大目标或者说总

目标,需要进行目标的分解,并且要回到原点去寻找实现目标的路径。学校教育必须回归到关注人、维护人、发展人的逻辑起点,所有高校思想政治教育都必须以"人"即大学生的成长成才为出发点和落脚点。具体来说,要培养"社会主义合格建设者和接班人",必须先把大学生培养成合格人才。首先,是思想政治素养较好,即"德"合格;其次,是"智",知识掌握较好;再次,是"体",身体素质良好,等等。"德智体美劳全面发展"的要求,看似简单,其实最难,需要高校进行科学的目标设计。

(一)宏观上契合党的教育方针和国家人才培养目标

高校要始终紧紧围绕"培养德智体美劳全面发展的社会主义建设者和接班人"这个总目标。切实转变观念,进一步充分认识思想政治教育在学校分工布局中的重要意义。在推动高校内涵建设的今天,一定要坚持"德育为先"的思想,真正将"培养什么人、怎样培养人、为谁培养人"这个根本问题放在高校决策的首位。在推动高校人才培养质量提升的过程中,进一步发挥思想政治教育对于人才培养的引领作用。当前的重点是需要进一步凝练理想信念教育主题,引导广大青年学生践行社会主义核心价值观,树立"四个意识",坚定"四个自信",做到"两个维护";引导大学生树立伟大民族复兴的中国梦,并积极为中国梦的实现而努力奋斗。

(二)中观上契合学校发展目标和学校特色

高校要找准思想政治教育在学校人才培养中的定位,融入学校人才培养的整体格局。每个高校在长期的发展过程中,逐渐形成了具有自己历史传统的办学目标和人才培养特色,在学生培养的具体目标上各有其特色和重点。因此,高校在制定思想政治教育目标时,要和学校自身实际相结合,正确处理思想政治教育与教学、科研等之间的关系,在贯彻党的教育方针、坚持"德育为先"的基础上,努力凸显学校的办学传统和育人特色,从而使培养的人才体现学校烙印和风格。比如,在普遍实现思想政治工作基本要求的基础上,有的学校突出文化育人,有的学校突出红色教育,有的学校突出诚信教育,有的学校突出创新创业教育等等,目的就是体现学校不同的育人风格、凸显不同的思想政治育人着力点和亮点。

(三)微观上体现思想政治教育的价值追求

教育的最高价值是促进学生的全面发展。具体到高校思想政治教育本身,涉及对大学生的教育、管理和服务;而从教育内容上看又涉及政治教育、道德教育、素质教育、情感教育、综合素质教育和能力拓展等多个方面。所以,如何设计思想政治教育内部功能板块、突出重点、攻坚难点,亦成为思想政治教育目标设计的一个重要问题。新时代思想政治教育的重点依然是对大学生进行社会主义核心价值观教育,培养大学生正确的世界观、人生观、价值观。"三观"教育是一切政治教育、道德教育和素质教育的基础,基础不牢,则其他教育必然受到影响。在价值观如此多元化、各种矛盾冲突如此复杂多样、人们信息获取和表达如此开放的今天,要使思想政治教育"入脑入心",必须将思想政治教育目标进行分解和细化,采取分项实施、分步实施、分散实施的方法,在整体推进在局下,以点及线,由线到面,以各个分项目标的实现来促成思想政治教育整体大目标的实现。

二、确立大学生思想政治教育的科学理念

理念是人们对待事物的态度,以及人们思考问题、解决问题的思想路径和方法。目标确立后,路线就显得尤为重要,在明确思想政治教育目标之后,必须理顺思路,树立科学的理念和逻辑,建立达成目标的路径。

满足人的需要、提高人的素质、实现人的自由全面发展,是人们一切物质生产和社会活动的根本目的。因此,要反对把人当作手段和目的,而应该凸显人的主体性地位和作用。在学校教育中,坚持以人为本,就是要坚持以学生为中心,以学生全面发展为宗旨,引导学生、服务学生、促进学生发展成才。为此,在实践中必须处理好四个关系。

(一)"一"与"多"的关系

从哲学上看,"一"与"多"的关系,是一对既相互对立,又相互统一的矛盾,两者相互依存,不可分离。在坚持同一性的基础上,还必须看到多样性、复杂性。同样,价值体系建设也是如此。任何一个社会都有它的核心价值体系,差异是社会存在的客观事实,多样是社会发展的必然趋势。

一个正确的价值体系必须通过广泛的传播来实现,只有被人民群众普遍接受、理解和掌握,并转化为社会群体意识,才能为人们所自觉遵守和奉行。

在新时期高校思想政治教育中,必须尊重差异、包容多元,在旗帜鲜明地坚持社会主义核心价值体系教育的同时,要允许学生在理解上的偏差、在接受上的快慢、在行动上的不一致;要采取更多的方式、使用更多的手段、调动更多的资源,为每一类性格、每一种情况、每一个学生提供针对性的教育指导。在对学生发展的指导上,要充分尊重个体差异,弘扬个性发展,因地制宜、因人而异、因材施教地进行教育和引导。

(二)"主"与"客"的关系

主体是认识和实践的发起者,客体是认识和实践的对象,二者之间是认识与被认识、实践与被实践、改造与被改造的关系。二者之间亦并非割裂的,而是可以统一于实践活动之中,相互联系并在一定条件下可以相互转化。教育作为一种培训人的社会活动,是促进个体发展的重要手段,教育这个过程本身就是一个整体,教育者、被教育者二者合在

一起成为教育主体,而客体则是教育的内容、活动、过程乃至成效。

因此,在新时期,必须强调发挥受教育者的主体性。主体性就是主体在与客体相互关系中所具有的主动态势、能动作用、积极态度和支配地位。而在高校思想政治教育过程中,教育者和受教育者都是具有一定文化、价值倾向性、能动性、个性化的人,亦即具有主体性的人。对高校思想政治教育而言,弘扬学生的主体性,就是要把学生看成自我发展的主体,通过思想政治教育,促进学生自身思想政治观念的发展和道德心理水平的提高。

新时期思想政治教育应把着眼点由"外灌"转移到"内塑"上来;把着力点放在激起学生自我塑造的欲望上来;把精力聚焦到增加大学生的自我投入、提高他们的参与程度上来。因此,高校思想政治教育在布局谋篇中,必须想方设法采取措施调动学生的主体参与,激发学生主体积极性,从而形成教育者与被教育者协同互动的生动局面。

(三)"刚"与"柔"的关系

"刚"与"柔"的关系,亦可称为"显与隐的关系",既是一种方法论上的区别,也是一种认识态度上的差异。"刚"指在行为中按照既定规则采取强势的、强制的、强力的、显性的推进;"柔"则指采取柔和的、曲折的、隐含的渗透式推进。二者不仅仅区别在力度上、节奏上,也体现在行动主体的目的、态度、情感与价值取向上。在经济学、社会学、管理学的实践中,以"自我"为中心者、本体主义者、强权主义者往往采取刚性管理;而"他我"主义者、社会主义者、温和主义者往往采取柔性管理。

教育是一项涉及学生心灵的事业,思想政治教育更是做人的工作、做思想的工作,看不见、摸不着,绝非刚性管理可解决,所以一定要多采用柔性教育方式,由公开教育转变为渗透性教育,潜移默化地提高学生的思想政治水平。思想政治工作坚持"渗透"的思路,使思想政治工作和教学、管理相互渗透。

新时期加强渗透性教育,就要从全员育人、全程育人、全方位育人的要求出发,把思想政治工作拓展到与大学生活相关的各个方面,在教学管理、服务和文化活动等各个环节,形成隐性化的教育载体。

(四)"分"与"合"的关系

育人不仅是知识技能的传授,还包括思想品德的养成、体力和智力的提升等。教育人、培养人、发展人,培养和造就德才兼备的人,是育人的出发点和落脚点。学校育人,德育是根本。德育的内容不仅包含思想政治教育、道德品质教育,还应该包括心理健康教育、创新观念、理性精神、全球化理念等的教育。同时,教育的主体应包括所有教职员工。

大学里所有的教职员工,乃至家长、社会、学生本人等,都是教育活动的主体和参与者,都负有知识传承、道德教育、文化传播等使命,在教育人、培养人、发展人这一根本使命上,所有的教育主体都义不容辞。所以,在今天,推动高校学生思想政治教育科学发展,必须树立统分结合的观念,学生工作系统与教务系统、科研系统、后勤服务系统在学生教育这件事情上是一个整体,同时又各有分工,在分工的同时必须强调合作,合力育人,共同促进人才培养目标的实现。

三、合理设计大学生思想政治教育内容

思想政治教育内容是指对思想政治教育的主题、版块、具体内容等进行布局,对思想政治教育内容包括哪些,如何组织这些教育内容的实施,突出哪些重点,如何破解难点等进行思考和寻求对策。

"思想政治教育"一词,指社会或社会群体用一定的思想观念、政治观点、道德规范,对其成员施加有目的、有计划、有组织的影响,使他们形成符合一定社会所要求的思想品德的社会实践活动。从狭义上讲,一般仅指对人的政治教育和道德教育,即通常人们讲的"三观"教育。但是,在中国的语境下,在高校思想政治教育实践中,其内容是比较宽泛的,除了狭义上的思想教育外,还包括其他所有与促成政治教育、道德教育相关的,以及为促进被教育对象成长所需要的服务工作,所有这些可以算作广义的思想政治教育的内容,主要包括以下四个方面。

1. 以理想信念教育为核心,深入进行树立正确的世界观、人生观和价值观教育　要坚持不懈地用马克思主义及其中国化最新理论成果武装大学生思想,深入开展党的基本理论、基本路线、基本纲领和基本经验教训,开展中国革命、建设和改革开放的历史教育,开展基本国情和形势政策教育,开展习近平新时代中国特色社会主义思想教育,使大学生正确认识社会发展规律,认识国家的前途命运,认识自己的社会责任,确立在中国共产党领导下走中国特色社会主义道路的信念,坚定对中国特色社会主义道路、制度、理论和文化的自信。同时,要积极引导大学生不断追求更高的目标,使他们中的先进分子树立共产主义的远大理想,坚定共产主义一定会实现的信念。

2. 以爱国主义教育为重点,深入进行弘扬和培育民族精神教育　要把民族精神教育与以改革创新为核心的时代精神教育结合起来,引导大学生在中国特色社会主义事业的伟大实践中,在时代和社会的发展进步中汲取营养,培养爱国情怀、改革精神和创新能力,始终保持艰苦奋斗的作风和昂扬向上的精神状态。深入开展爱国主义、集体主义、社会主义教育,丰富大学生的精神世界,增强大学生的精神力量。

3. 以基本道德规范为基础,深入进行公民道德教育　要引导大学生自觉遵守爱国守法、明礼诚信、团结友善、勤俭自强、敬业奉献的基本道德规范。新时期,要着力加强"社会主义核心价值观"教育,积极倡导富强、民主、文明、和谐,倡导自由、平等、公正、法治,倡导爱国、敬业、诚信、友善,积极践行社会主义核心价值观。

4. 以大学生全面发展为目标,深入进行素质教育 促进大学生思想道德素质、科学文化素质和健康素质协调发展,引导大学生勤于学习、善于创造、甘于奉献,成为有理想、有道德、有文化、有纪律的社会主义新人。新时期,结合高校育人实践,要着力加强"三个文化"教育、创新创业教育、心理健康教育、职业发展教育、社会实践与志愿服务教育、国际视野教育等,促进大学生德智体美劳全面发展和提高。

四、立体构建大学生思想政治教育载体

教育人借助于一定的手段或形式传授给被教育人一些政治观点、思想观念以及道德规范等,被教育人因此获得了与我国的社会发展要求相符合和适应的思想品德,这一过程就是思想政治教育过程。在进行思想政治教育的过程当中,主体和客体之间的联系是需要借助于一定的手段或形式的,我们所说的思想政治教育的载体,其实就是指那些教育人和被教育人之间的联系形式,它们通常肩负着对思想政治教育的信息及内容进行承载和传递的任务。

要想成为思想政治教育的载体,首先要符合以下两个基本条件:①要能够对思想政治教育的信息进行承载,同时还具有可操作性,能够被教育人操作和利用;②作为一种媒介形式,要能够将主体和客体联系到一起,通过它,主体和客体之间能够进行一定的互动。换句话说,思想政治教育的载体其实就是一个中间环节,或者说是一种中介,它是教育人和被教育人之间的桥梁。

新的历史时期,高校思想政治教育的大环境发生了深刻变化,各种新的教育载体层出不穷。比如随着网络时代的到来,网络成为思想政治教育的一个重要载体;随着国际化办学的兴起,思想政治教育的战场和阵地不仅在国内,而且延伸到了国外,即使在国内也面临着对留学生的趋同化教育问题,所以,国际化办学环境成为新时期思想政治教育的又一重要载体。由于教育投入的加大,大学生群体各式各样的走出校门的实践性活动得以增多,因而,实践也成为思想政治教育的有效载体。同时,管理、服务、教学等都是而且应该是思想政治教育的载体。

因此,在思想政治教育载体选择上,须注重实现"三个性",使思想政治教育载体呈现立体、多元、丰富的特点。

(一)载体建设的系统性

推动思想政治教育载体的系统性建设,就是要促进在教育资源手段横向上的均布,实现学生学习生活空间的全覆盖。主要包括第一课堂、第二课堂、第三课堂,校内校外、国内国外,管理服务等环节,学生社团、学生组织等组织形式。为此,要实现"三个结合"。

1. 第一、二、三课堂结合 思想政治教育第一、二、三课堂的结合,是一种横向上的多

重覆盖,要求既抓好思想政治理论课、形势与政策课、主题班会课等第一课堂教学形式的思想政治教育内容,既抓好专业课程教育,又抓好校园文化活动、社会实践、志愿服务、科技创新、创业、社团活动等第二课堂教育,实现对学生思想引领的全方位覆盖,也要实现网上网下结合、线上线下结合、虚拟现实结合。强调第一、二、三课堂结合,实际上重点是强调"第一课堂"建设、强调推进"课程思想政治",实现所有课程特别是专业课程教育中融入思想政治教育主题,发挥专业学习对于大学生思想政治素质的提升作用。比如,近年来,国家提出了"卓越工程师""卓越医师""卓越律师"的"卓越人才培养计划",这个过程中,既强调对学生的专业教育、专业训练,培养工程师的专业基础,同时也强调对学生进行工程伦理、职业道德、社会责任意识教育。

2. 校内、校外结合 思想政治教育主要立足于大学校园,但是今天的大学早已与社会融为一体,所以,思想政治教育必然要求将校内教育与校外教育结合起来,协同推进。思想政治教育校外载体主要包括各类爱国主义教育基地、德育实践教育基地、社会实践基地、红色景区、工矿企业、社区街道等,所有具有教育意义并且能够让大学生感受到社会主义核心价值观,增强社会主义自豪感、自信心、使命感和责任感的地方和场所,都可以成为教育载体。所以,强调校内校外结合,就是强调要充分利用各类社会教育资源,拓展高校思想政治教育的空间和舞台,丰富资源和手段,促进大学生走出校园,更好地去观察社会、体验社会、接受教育、提高认识。

3. 教育、管理、服务结合 在强调开展教育引导工作的同时,必须看到大学生日常管理和服务也是重要的思想政治教育载体。管理是一种手段,其主要功能是指根据社会的需要,遵循思想政治教育的规律,尊重学生的个性特征,组织协调和控制大学生的学习生活,并使大学生的学习生活高效协调、和谐有序。在管理方式上,这种管理不是刚性的集中控制和自上而下的发号施令,而是以学生为本、尊重大学生的个性需求,充分考虑学生的各种需求而进行,管理者与大学生处于平等的地位且双向互动,从而实现在管理中育人。

要把思想政治教育与日常学生事务结合起来,建立和完善管理制度,使学生工作各个方面规范化、制度化,从而培养大学生遵守法律法规、学校规章制度的意识,进行法治意识、规则意识、公民责任意识教育,引导学生把学校管理要求及相应的观念内化于心,从而使其他思想政治教育主题和内容得到实现。以服务为载体,就是强调一切以学生的需要为宗旨,主动为学生提供多方面的服务,把解决学生的实际问题与教育相结合,达到感染人、增强思想政治教育的实效性目的。这一模式中,要求从满足学生学习生活的需要出发,创造条件,建立服务体系。比如在指导学生学业上,依托选课和专业学习指导中心,帮助学生顺利完成学业;在身心健康方面,依托学生心理健康教育与心理咨询中心,给予学生心理健康教育的帮助;在经济援助方面,依托勤工助学中心,为学生提供更多勤工助学机会;在学生权益维护方面,依托法律援助中心,切实维护大学生的合法权益;等等。

(二)载体种类的多样性

思想政治教育载体的多样性,是指丰富和完善思想政治教育的资源和手段,特别是在传统的教育载体基础上,不断适应新的形势变化,探索新的教育载体,比如文化载体、实践载体等。

1. 文化载体　　文化本身蕴含着大量的思想政治教育内容,对于促进思想政治教育,具有十分重要的作用。

(1)以文化为载体,有利于增强思想政治教育的吸引力、渗透力。文化具有渗透性强、影响持久以及形象、生动、直观等特点,将思想政治教育的内容融入文化活动之中,会使思想政治教育更生动活泼,更有吸引力,容易为学生所接受,同时能起到"润物细无声"的作用,在不知不觉中受到其内容的熏染。

(2)以文化为载体,有利于全面提高学生的思想道德素质和科学文化素质。以文化为载体,有利于促进学生形成与社会主义现代化相适应的价值观。把文化作为思想政治教育载体,就是要发掘文化内涵的思想政治教育资源并赋予时代意义,同时将思想政治教育的新内容渗透到文化中,从而使文化对人产生积极影响。

(3)以文化为载体,有利于促进学生的主体参与。思想政治教育应是一个教育者与受教育者良性互动的过程,而形式多样的校园文化活动,正好给学生提供了参与其中的机会,所以,文化活动成为青年学生最为喜闻乐见的方式,也成为进行渗透式教育的最佳方式和途径。

2. 实践载体　　社会实践是学生接受社会教育最直接最有效的途径,也是学生思想政治理论教育与实践锻炼的最佳切入点。所以,要充分利用社会实践,鼓励大学生走出校园、走进社会,通过社会实践,增强大学生的爱国意识,增强热爱劳动人民的感情,培养吃苦奉献的精神,使他们在当代的社会主义建设中实现自身的价值。新时期,推动大学生社会实践,要做到"三个融合"。

(1)实践活动与重大专项融合。结合国家政治生活和国内外重大事件、重大节庆等,开展以主题教育为内容的实践活动(如世界博览会、奥林匹克运动会、二十国集团峰会、中国国际进口博览会),让大学生在实践中提高认识、做出贡献,并成为一种行之有效的育人手段。

(2)实践活动与志愿服务融合。志愿服务活动类型多样、形式活泼、知识性强,被大学生们所喜爱,所以,增强服务性实践活动的比例,应是推动实践育人的一个重要抓手。

(3)实践活动与专业学习融合。大学生社会实践的目的,除了思想政治教育,还要有助于提升专业学习,同时,将二者结合,更能激发学生参与的积极性。此外,新时期,增加学生社会实践的专业化程度和专业性水平,也成为一个显著的发展趋势和潮流。

除了上述载体之外,思想政治教育的载体还有很多,比如大众传媒、生活教育、挫折体验等,这些都可能且可以成为思想政治教育的手段。思想政治教育者必须与时俱进,关注教育载体,选择合适的载体,进一步丰富和综合运用多种载体开展教育工作。

(三)载体的发展性

思想政治教育载体的发展性,是指根据形势变化、特别是适应当今信息化、网络化、全球化的时代特点,针对"00后"大学生的特征,思想政治教育手段要不断采用新资源、新方法。相比以往,当前网络、国际化教育、社区空间等已成为重要的思想政治教育载体。

1. 网络载体　近年来,信息网络技术发展迅速,覆盖面很广,包括新媒体在内的互联网媒体呈井喷之势,网络因其天然的高开放性魅力无限,活力十足,成为耀眼的"第四媒体",过去的三大媒体——报纸、电台和电视日渐式微,传统媒体的地盘开始大规模缩减,与之相反,网络则成为思想舆论阵地中非常重要的一块,在国际舆论斗争中也开始占据一席之地,这对高校的传统思想政治教育来说也是一次很大的挑战。①从信息内容方面来说,网络传播媒体的信息具有多元化特点,而高校的传统思想政治教育内容则更趋向于一元化。②从信息的沟通上来说,网络具有极强的互动性,而高校的传统思想政治教育则比较单一。③从信息的传播和接收来看,网络具有极强的随机性,而高校的传统思想政治教育在信息传播和接收时则有一些滞后。就当下而言,网络有极大的可能会超越其他的传统载体而成为思想政治教育最重要的一个载体。

2. 国际化教育载体　在全球化时代,国际化办学日益成为许多高校的重要办学特色,因此在推进学生思想政治教育的进程中,要注意运用好国际化办学的契机,促进教育载体的国内国外相结合。需要指出的是,国际国内相结合,包含着以下两个方面的意思。

(1)引入国外资源,丰富思想政治教育资源,采取"走出去、请进来"的办法,促进中国学生更好地拓宽国际视野,提升国际交流能力,比如积极选送大学生出国交流考察等,既可以促进其专业学习,也可以增强其对于中国建设社会主义的信心,其出国的过程就是一个很好的爱国主义教育的过程。在国际化办学背景下,高校思想政治教育的载体可以得到进一步拓展,可以延伸到世界大舞台。当前,一些高校通过建立网上党支部,让身在海外的中国学生党员现场畅谈出国留学体会,很多时候可以发现,一旦走出国门,发现还是祖国更加美好,这样的现身说法教育,比之传统的"说教",无疑是事半功倍的。

(2)对外国来华留学生积极开展中国思想文化和意识形态教育,利用一切手段影响来华留学生,促进他们对中国特色社会主义的认同。与此同时,对于高校思想政治教育者来说,要注意对大学生开展抵制西方腐朽、反动思想和意识形态的教育,引导大学生正确鉴别、认清其图谋和本质。

3. 社区载体　这里的"社区"专指大学生生活园区,即以宿舍、食堂和其他活动空间构成的学生居住空间。按照"场域理论",每一个人的行动均被行动所发生的场域影响,而场域并非单指物理环境而言,也包括他人的行为以及与此相关的因素。所以,社区环境氛围建设与塑造大学生健康人格和综合素质养成是直接相关的,是开展大学生思想政治教育的一种有效载体。

用好这一载体,要注重做好三项工作,处理好以下"三个关系"。

(1)人与物的关系。即人与社区环境的关系,高校应当加强硬件建设,为学生提供较为良好和优质的居住环境,通过环境美化、绿化、文化建设,愉悦身心,促进学生身体和心理健康。

(2)人与人的关系。即引导大学生"自我教育、自我管理、自我服务"。充分发挥"朋辈教育"优势,以身边人教育身边人,用身边事教育身边事;尊重和发挥学生主体作用,促进学生参与社区事务管理,既锻炼学生独立自主精神,也培养管理能力和服务意识。

(3)人与文的关系。即要大力加强社区精神文明建设,促进文化育人。比如高校可以在学生社区成立各种学术沙龙,并提供一定数量的活动室,经常开展各种学术讨论、创作发明、课题研究等交流会,在轻松愉快中激发同学们的学习兴趣和热情;举办各类文化活动,既促进大学生综合素质提升,也促进大学生在参与文化活动的过程中受到教育。

五、建立大学生思想政治教育保障体系

所谓思想政治教育保障机制,就是通过建立一系列制度和规章,为思想政治教育的开展提供组织领导、人员队伍、资金、场所、手段方式等方面条件保障,使思想政治教育能够正常、有序地进行,保证思想政治教育的各种计划得到落实。随着高等教育的发展,高校所能获得的资源越来越多,大部分高校在学生思想政治教育方面的投入也在不断加大,当前,物质与资金的保障应不是大问题,而最需要加强的是组织领导保障、制度保障与队伍保障。

(一)组织领导保障

要想正常地进行思想政治教育,就必须有组织保障作为强有力的基础,与此同时,对于思想政治教育来说,组织保障也是其凝聚的核心。作为高校来说,对于思想政治教育的重要性及其地位和作用,各级党组织都要有充分和深刻地认识,在对待思想政治教育时,要把它放在全局高度和战略高度来考量。

1. 加强领导　要建立党委统一领导、有关部门各负其责的领导体制和运作机制。建立健全党委领导下的校、院、系三级建制两级管理、以院(或系)为主,党政领导齐抓共管的学生思想政治教育的组织保障系统。形成党委组织领导、行政积极实施、主管部门具体负责、其他部门协调配合的决策、实施、调控系统与运行机制。通过建立诸如"思想政治教育联席会议制""思想政治教育委员会""院系学生思想政治教育领导小组"等,确保党的领导和部署落到实处。

2.建立"大学工"体系　要建立以学工为主,多部门参与的"大学工"体系。基于当前的实践,高校学生思想政治教育主要由学生工作系统承担,但实际上,除了承担课程教学的思想政治理论课教师外,高校的宣传部、组织部、统战部、教务处、人事处、科技处、社会科学部、保卫处、后勤部门、关心下一代工作委员会等单位都各自承担着相应的职责。所以,要建立起多部门联动的工作机制。按照中央精神,高校思想政治工作要由学校党委统一领导、统筹推进。宣传部门要统筹做好意识形态工作和宣传、思想、文化工作;高校要成立教师工作部门,负责做好教师思想政治工作;教学、科研、后勤等部门也要各司其职,按照具体职责,逐项落实思想政治责任任务要求。全国高校思想政治工作会议强调,要调动教师的积极性,让教师回归课堂、回归育人,让所有教师都承担起育人使命。所以,建立"大学工""大思想政治"工作体系,建设大思政格局,必须调动各方面力量来共同努力。

3.党政主要领导参与　高校党委是思想政治工作的当然责任主体,推动高校思想政治工作发展,党委书记是第一责任人。与此同时,高校行政领导班子也承担着"一岗双责"的责任,必须协同做好思想政治工作。为此,高校要积极探索建立党政齐抓共管思想政治工作的格局体系,特别是要推动主要领导参与思想政治教育。高校相关职能部门应努力创造条件和机会,通过学校主要领导参与思想政治教育规划制定、参与联席会议、担任领导小组负责人、召开专题会议、出席重要活动、听取经常性汇报、审阅刊物、参与慰问师生等,使党政主要领导能及时了解信息、关注思想政治教育、提供支持和指导。

(二)制度保障

制度是建立机制的基础,机制的保障过程就是建立健全并贯彻落实各项制度的过程。思想政治教育的制度建设亦至关重要,必须依靠制度使开展思想政治工作做到有章可循,有据可依,明晰权责,流程规范。新时期,做好思想政治工作的制度建设,要着力做好以下三个方面的工作。

1.上位法律法规与政策的校本化转换　关于高校思想政治工作,国家有《中华人民共和国宪法》《中华人民共和国教育法》《中华人民共和国高等教育法》等法律,中央有相关政策文件,有国务院和教育部的若干行政法规和政府规章,还有各省市地方政府出台的相关政策文件等。这些规范性文件对高校思想政治工作做了相应的规定,高校应当认真落实。但是,基于中国复杂的国情和高校各不相同的实际情况,在执行这些上位文件的过程中,必须实事求是、因地制宜、具体问题具体分析,必须在坚持上位文件基本原则和精神的基础上,将其转化为可操作的校本化规范,就是说可以结合学校的实际情况,通过学校文件与其他制度规范的形式,对其进行进一步细化的、可操作化的解读和转化。比如,为落实中央文件精神,很多高校都制定了若干配套文件,对大学生思想政治教育的若干专项都进行了细化规定,从而使中央文件精神真正落到实处,使高校学生思想政治教育更加科学、规范和有章可循。

2. 制度建设的科学化与现代化　制度建设本身是一门科学,制度并非越多越好、越细越好、越严越好,如何使制度发挥最大效用,使高校思想政治工作规范开展,又不至于因为繁杂的制度而缩手缩脚,这是一个值得重视的问题。为此,应当借鉴现代管理学的若干原理,使高校思想政治教育管理从传统管理向现代管理转变。新时期,高校思想政治工作制度主要是两类:一是管理制度,二是工作制度。在管理制度方面,要建立开放务实责任制的管理机制,做到思想政治教育的管理决策、管理权力、管理运作、管理方法、管理责任、管理利益一体化。要学习和借鉴国外优秀的德育管理经验和方法,实行开放式管理,把民主性管理与制度性管理以及自律性管理与他律性管理有机统一起来。在工作制度方面:一是要明确部门与人员的工作职能、工作内容、工作流程;二是要明确工作责任,做到责、权、利统一;三是要调动其他教育主体的参与,主要是通过激励机制,实现对其他部门职工和大学生主体积极性的激发。

3. 权利义务平衡的制度探索　新时期高校制度建设的一个重点,就是如何进一步合理界定学校与学生之间的权利义务关系,从而实现二者权利义务的平衡。遵照法治的精神,学校与学生之间应当是一个良性的法律关系,各自的合法权益都应该得到保护。

(1)学校的工作人员要树立正确的法律意识,在行使职权和履行义务时一定要依法依规。一方面,在发现有行为已经对学生的正当权益造成了侵犯时,要及时地开展自查自纠活动,对于学生提出的申诉,要认真对待、高度重视,要按程序在规定期限内给予学生相应的答复和处理意见;另一方面,在进行招生、收费、惩处和成绩确认等与学生的切身利益息息相关的工作时,要更加透明,要从制度上对公平、公正、公开有一定的保障。

(2)学校要对自身的制度进行规范,要对规章制度进行法制化,对于那些已经确立的相关规章制度根据实际情况进行"立、改、废",使学校的相关规章制度符合国家现行法律法规的要求,在进行学生管理时,做到有法可依、有章可循。

(3)要做到依法治校,加快推进和谐校园的构建。学校要和学生之间建立良好的关系,这不仅符合高等教育的发展需求,还是社会和谐发展的一个迫切要求。其一,不管是学校还是学生,在办事时一定要依照法律法规进行,不得违规操作;其二,高校要充分发挥教育作用,要适当地教育大学生,培养学生的法治精神,争做合格的社会主义公民。

(三)队伍保障

大学生思想政治教育工作的开展,离不开工作队伍这一组织保证,同时,工作队伍也是实施大学生思想政治教育的一个主体和关键。要想使思想政治教育的专门人才得到很好的培养,对思想政治教育的人才培养基地进行筹建,使相关人员成为思想政治教育的专家,就必须让思想政治教育者深度参与其中,他们具有专业的知识储备,可以更好地承担起对大学生进行思想政治教育的职责,使教育工作的效果得到保证,进而推动思想政治教育工作有序发展。

(四)资源保障

在新时期,特别是在全球化、国际化、网络化背景下,思想政治教育资源还应包括国际教育资源、跨文化教育资源、信息资源、机会资源、新型空间资源(网络空间)、技术资源等。资源整合的目的就是进一步丰富高校思想政治教育的资源数量和质量,为其开展提供更有力的支撑和保障。

1. 物质资源的投入　随着中国经济的不断发展壮大,国家对教育的投入越来越大,大部分高校在思想政治工作方面的投入都有所增加,一段时期以来资源匮乏的现状得到明显改善。然而,相比于当前思想政治教育承担任务,相对于新形势下思想政治教育领域的扩张、要求的提升、业务成本的上升,目前已有的资源仍嫌不足。所以,高校应当进一步增加思想政治教育的物质资源投入。

2. 信息资源的整合应用　进入21世纪以来,高校普遍推动数字化校园建设,在高校管理中普遍采取了数字化、网络化、信息化的管理方式,思想政治工作也融入这个大潮,信息化手段在思想政治教育、学生管理、学生服务等工作中越来越多地采用,极大地推动了相关工作手段的现代化,推动了效率的提升,实现了学生事务处理的方便快捷。随着信息技术的发展,特别是"云技术""大数据""人工智能"时代的来临,对高校管理的信息化、现代化提出了更高要求,推动高校管理手段的进一步升级换代已经成为高校普遍的一种内生动力和诉求。同样,在这样的背景下,能否依托"大数据"带来的红利,推动思想政治工作在工作手段与方法上的革新和进步,将成为当前高校思想政治工作者面临的一个新的课题。

3. 精神资源的开发利用　除了物质资源、信息资源,在推动高校思想政治工作发展的过程中,还必须重视精神资源的开发利用。在新时期推动高校思想政治工作开展的过程中,高校应当加强对文化资源、精神资源的开发。文化、精神是一种软实力、巧实力,由于其柔性、隐性、可感知的特点,其在高校思想政治教育中具有积极的意义。

4. 用好国际化办学资源　全球化的发展催生了高等教育国际化,这为思想政治教育带来了挑战,但同时也带来了资源和契机。

首先,国际化办学丰富了高校思想政治教育的内容,为高校思想政治教育者创造了条件,一些此前无法进行国际化对比的议题和内容在这个时候可以比较容易地进行。

其次,国际化办学背景下,学生的跨文化交流本身也可以成为思想政治育人的素材。让学生设身处地地感受到中国特色社会主义建设的巨大成就,感受到社会主义制度的优越性,可能比任何的课堂教育效果都好,这就为新时期思想政治工作带来了新的机会和资源。

最后,全球化为高校思想政治教育者打开"外部世界"的大门,越来越多的高校学生工作者可以有机会走出国门去外国高校学习和交流,体会西方国家学生教育管理的工作,这为我们学习西方大学学生事务管理的长处提供了机会,也为通过对比发现他们的不足提供了平台。一段时期以来,部分高校纷纷与国外高校或教育组织建立了合作机制,这为中国高校学生工作者和西方高校同行对话建立了有效的路径。不仅如此,一些教育主管部门和高校还充分利用国外资源,建立了专门针对辅导员培训的海外基地,这对促进高校辅导员队伍培养国际视野、增强国际化办学背景下的学生事务处理能力、学会与西方同行对话,无疑是有巨大帮助的。

(五)评估与反馈

思想政治教育评估,是思想政治教育的一个基本环节,是根据思想政治教育的各项客观指标,对思想政治教育过程和效果进行评价,并用以指导思想政治教育发展提升的活动。思想政治教育评估具有非常重要的意义:①有助于正确认识和评价思想政治教育过程和成效,思想政治教育是有目的、有计划、有组织的教育活动,要想及时地、确切地知道思想政治教育是否有效、目的是否达到、计划是否正确并被执行,必须进行科学的评估。②有助于实现教育者对思想政治教育过程的控制,思想政治教育评估是思想政治教育信息反馈的基本方法之一,没有计划的思想政治教育评估,就可能没有全面系统的信息反馈,也就不能很好实现教育者对教育过程的合理的有效控制。③评估结果是有关部门和学校制定政策的依据,通过定性定量的评判和分析,教育主管部门和高校可以根据评估结果及时调整政策,有助于制定和修改激励机制、奖惩措施,从而为进一步规范思想政治工作开展、调动思想政治工作者积极性提供客观依据。思想政治教育的评估范围主要包括以下三个方面。

1. 评估受教育人的相关情况　在整个评估系统中,这一环节是中心也是基础。之所以要评估受教育人,主要是出于两方面的考虑:①进行思想政治教育要以受教育人的情况为出发点和前提,必须对受教育人的情况进行认真的调查研究和评估,只有这样才能科学地评述受教育人当下的思想品德现状,才能科学地制定教育计划,并很好地实施。②评估受教育人的情况也可以很好地验证思想政治教育的开展情况,受教育人当下所表现出的思想情况和综合素质其实是对上一个思想政治教育效果的体现,而如果想要评价上一个思想政治教育的效果究竟如何、总结其经验教训,科学评估受教育人的情况是最为基本和直观的一个方法。

2. 评估教育人和教育部门　在进行思想政治教育时,处于主导位置、起主导作用的其实是教育人。要想对教育人的素质进行提升、对思想政治教育的各个环节进行改进,就必须正确地评估教育人的情况。评估教育人的素质情况,主要是需要正确评估教育人的政治、思想、智能素质和心理素质,以此为依据对提升教育人的素质提出建议。而评估教育部门时,主要针对的是那些可能对全局造成影响的指导思想、人员素质、制度管理模式等。比如,要对思想政治教育的规划情况、落实情况、检查及督促情况进行评估;要评估思想政治教育相关的制度和管理规定的科学性、合理性;评估思想政治教育相关人员队伍的思想、作风及组织建设情况等,包括培训、考核等;要对开展思想政治教育调查研究及理论研究的情况进行评估等等。

3.评估进行思想政治教育的过程 思想政治教育的过程是一个相互作用的过程,它离不开三个要素,即教育人、受教育人和教育环境,其以教育目的、内容、手段、活动作为联结来进行。教育的效果离不开教育的过程,只有在过程合理、完善的情况下,教育的效果才能合乎期待。所以,科学、及时、有效地评估教育过程是十分必要的。在评估教育过程的时候,一定要秉持辩证唯物主义观点、联系和发展的观点。

(1)要横向进行评估。即需要从方向上对教育过程中的三个主体和四个要素进行协调性、一致性的检查和评估。三个主体,即教育人、受教育人、教育环境;四个要素,即教育的目的、内容、手段和活动。

(2)要纵向开展评估活动。即对教育过程的循环性进行检查和评估,判断其是否形成良性循环。

(3)针对教育计划进行评估。即对教育的四个要素的科学性、正确性进行检查和评估。总而言之,就是要对教育过程进行检查和评估,及时发现问题、解决问题,确保教育的过程和发展是符合规律的。

第三节 大学生思想政治教育的价值

研究思想政治教育的价值是时代发展的客观需要,也是思想政治教育学科发展的内在要求。正确认识思想政治教育的价值对于确立思想政治教育的地位、有效开展思想政治教育具有重要意义。

一、大学生思想政治教育价值概念的界定

价值是人的需求与满足这种需求所需要的客体属性达成的交接点。主体与客体是肯定关系。主体和客体决定了价值,同时价值还会因为主体的能动性,相应地改变客体的历史性。马克思主义哲学认为,价值所具有的客观源泉和基础都是价值客观性的表现,同时,价值也是将主体性和客观性及历史实践等统一的内核。

价值在思想政治教育方面体现出教育的有用性,讨论思想政治教育价值含义的前提,必须是将思想政治教育当中的主客体,通过正确的价值观联系起来,从而正确地构建

它们的关系。社会由人组成,人是社会的主体,也是思想政治教育的主体。人们在社会中不可能脱离集体而存在。因为人是社会组成的一部分,与社会相一致;同时,人与社会之间的关系是相互成就和构成的。人既能够创造出社会环境,而社会环境也能够塑造一个人的人格。人与社会的物质条件,决定了社会通过人的活动而形成了一个怎样的产物,拥有怎样的社会关系,以及在群体当中具有怎样的价值。作为思想政治教育的主体,群体与个体以及全球的人类,与思想政治教育构成主体和客体的紧密关系。

主体和客体是一个相对的概念。主体的认识以及实践都是通过客体展现出来。在思想政治教育中,主体的主要对象就是客体,主体与客体之间能够直接发生一些特定的关系,并通过教育实践活动来满足主体与客体之间的密切联系。价值关系的产生是主体存在的主要根源,而思想政治教育,可以从三个方面定义主体的地位:首先,通过物质或精神的分类,来划分对象。物质主要表现在教育环境、条件等方面。精神主要表现出教育的目标、内容以及原则等。其次,通过性质可以将教育的主体分为个人和社会的。最后,通过来源可以将主体分为本身的主观世界以及之外的客观实践。主体本身是能动的,是通过不断地认知和评价进行自我教育的,因此,主体也可以包含在客体之内。就是说主体在一定条件下,可以转化为思想政治教育的客体。

思想政治教育的主体需要和客体功能,无法通过思想政治教育的价值来满足,而是需要根据主体与客体之间的隶属关系,通过交互作用,让思想政治教育的价值充分体现,将它们连接起来。思想政治教育的价值通过主体和客体之间的互动逐渐形成,思想政治教育,不但能够将主客体的关系相互连接、统一,同时也能够把人的主体地位和思想政治教育逐渐向人趋近的方向连结。通过这种实践,让主体逐渐形成对于能量交换、信息交换、物质交换等层面的认知,并逐渐满足主体需求,从而实现二者关系的有机统一。

二、大学生思想政治教育价值的基本特征

根据对思想政治教育价值的界定,思想政治教育价值的特征主要表现在以下方面。

(一)阶级性与社会性

在不同的社会制度之下,思想政治教育也有不同的本质,这种本质能够通过不同阶级的利益表现出来,因此,思想政治教育具有阶级性。在阶级社会,价值主体对思想政治教育的需要具有阶级性,任何阶级都需要思想政治教育来传递自己的意识形态及指导思想、政治意图、道德规范和思想观念,以培养社会合格的接班人与建设者为目的,维护社会的根本利益。思想政治教育是通过一定教育方法,将一定阶级的政治思想,通过宣传和灌输来影响学生,通过自己的意识形态来改变人们的思想,反映阶级需要,为一定阶级提供服务。中国共产党从来不回避其具有的阶级性,以人民群众的利益为最根本的服务

目标,满足人民最根本的利益需求。

思想政治教育不仅具有阶级性,还具有显著的社会性。思想政治教育能够促进社会成员的思想统一和行为协调,使社会成员在共同的价值观和行为规范下,形成一个有机的社会整体。思想政治教育能够引导社会成员树立正确的世界观、人生观和价值观,激发社会成员的积极性和创造力,为社会的发展提供强大的精神动力和智力支持。思想政治教育贯穿于社会生活的各个方面,不仅在学校、家庭等场所进行,还通过社会舆论、文化活动、媒体传播等多种方式进行。例如,通过新闻媒体宣传社会主义核心价值观,通过社区活动开展公民道德教育等,使思想政治教育成为全社会共同参与的活动,具有广泛的社会性。

思想政治教育的阶级性和社会性是辩证统一的,阶级性是社会性的核心和基础,社会性是阶级性的外在表现和实现途径,二者相互依存、相互作用,共同推动着思想政治教育的发展。

(二)直接性与间接性

思想政治教育价值既有直接性,也有间接性。直接性是指通过思想政治教育,能够影响受教育者从思想根基上发生一系列改变,思想政治教育能够通过这种观点的输出,直接将一些观念和规范传授给受教育对象,并通过有计划和有组织的影响,提升受教育者的思想水平,让他们形成符合社会需要的思想体系。思想政治教育也能够让人们的思想发生变化,通过间接影响来改变受教育者的行为。因为思想政治教育是一个复杂的转换过程,从认知理论到执行,通过将学习到的思想转化成行动的复杂步骤。通过正确的思想转化,人们就可以用正确的思想将行动转化成精神财富和物质财富,从而推动社会发展。

(三)短期性与长期性

思想政治教育的活动,具有针对性和现实性的教育意义,比如在实践活动中,受教育者能够通过教育内容,触动自己的心灵,从而激发自己思想的变化,逐渐将意识转化为行动,进而成为对社会发展有促进作用的个体。思想政治活动,可以通过这种短期活动对主体产生良好的教育效果,同时,除了短期活动的教育效果外,受教育者需要长期坚持,来不断地将学习到的内容逐渐内化与外化,转化成自己长久的行为习惯。

思想政治教育效果的长期性是指思想政治教育的效果能够对个人与社会产生长远影响的属性,思想政治教育通过让受教育对象从思想、情感、能力、品质、意志和认识等方面综合提升,让思想政治教育逐渐向满足社会发展需求的方向转变,通过社会整体的需求,向个人的精神世界转变就是内化的过程。而外化是指通过让教育对象受到思想政治教育,转化成一系列的行为和实践,并养成习惯,即由思想政治品质转化为行为、实践的发展过程。经过"两次飞跃",社会的外在需求转化成了受教育者的思想政治素质,教育的效果将持续对人的发展产生影响。思想政治教育价值的特点既有短期性又有长期性,在短期性的基础上实现对人的持续、深刻的影响,满足社会和人类发展的需要。

(四)潜在性与显在性

在存在方式上,思想政治教育的价值能够从潜在性和显在性两方面体现。思想政治教育本身是一个潜移默化的过程,通过长久的教育来让自己的思想发生改变,从而影响自己的实践行动。这种潜移默化能够从开始的隐性教育到最后通过自己的行为习惯来展现出来,成为显性行动。这就是思想政治教育的价值存在的潜在性与显在性。

人们正因为这种思想政治教育,通过掌握教育的内容来形成科学的正确的思想价值观念,从而引导人们通过实践行动来创造自己的物质财富和精神财富,让思想政治教育逐渐体现出外在的价值。思想政治教育能够引导青少年长久进步,在思想上让自己的精神内核不断成长,通过不断的潜移默化的影响,最后影响到行为习惯,将思想政治教育完全外化展现出来,成为对社会有用的人。

三、大学生思想政治教育价值的多种形态

大学生思想政治教育价值的类型也称为思想政治教育的价值形态,是指根据不同标准,思想政治教育价值呈现为不同的形态,具体如下。

(一)直接价值与间接价值

直接价值是通过思想政治教育活动,直接影响、满足社会和自身的发展需求,通过将正确的思想品德内容传递给受教育者,让他们的精神状态发生积极改变。对于受教育者,提升综合素质、激发综合潜力、调动劳动者积极性和创造性,能够体现出思想政治教育的直接价值。

间接价值是指受教育者不能单纯从思想政治教育中直接满足社会和自身发展的需求,而是需要通过学习思想政治教育的理论知识,将自己的精神动力逐渐内化,并使其转化为自己的物质财富,来实现对社会发展的促进作用。

思想政治教育能够通过政治实践活动来影响和引导受教育者,形成正确的世界观、人生观和价值观。这是思想政治教育的直接价值,但是思想政治教育也具有间接价值,就是通过思想政治教育活动来间接为社会的发展进步提供助力。比如我国坚持的社会主义核心价值观,需要在多元的背景下,从国家、社会和公民三个层面,通过坚持马克思主义,构建起人们的主流价值观;通过思想政治文化的教育,让全社会形成对社会主义核心价值观的认同和践行;通过将精神斗志转化成社会发展的动力,来实现我国全面建成

小康社会的目标。这种内化的精神追求,能够通过人们的自觉行动展现出外化的表现,从而让社会得到发展,这就是思想政治教育的间接价值。

思想政治教育的直接价值和间接价值是辩证统一的关系。直接价值是基础,而间接价值是直接价值的综合反映。直接价值与间接价值之间的关系密切又复杂,需要通过思想政治教育将两者有机结合。不能因为思想政治教育不直接参与物质形态的生产,而否认其间接价值;也不能借口强调物质生产在社会发展中的决定性作用,而否认思想政治教育的直接价值,进而否定思想政治教育存在的必要性。

（二）理想价值与现实价值

思想政治教育的理想价值是指有实现可能性的价值,它高于现实价值,具有超前性和导向性的特点。我国思想政治教育的理想价值是使全国人民为实现中华民族伟大复兴的中国梦而奋斗的同时,实现综合发展。思想政治教育能够从目前已经实现的和正在实现过程中的价值,转化成让人们能够感受到教育的有用性,从而实现思想政治教育的现实价值。

思想政治价值能够将理想和现实形成相互促进、相互联系的关系,它们之间辩证统一。现实价值作为基础,能够让理想价值拥有可承载的坚实地基,而理想价值是通过现实价值导向而最终达成的目标,可以让理想价值作为受教育对象的激励动力。教育对象能够通过知识解决现实问题,才能够体现出思想政治教育的有用性和吸引力,也是人才成长的需要。思想政治教育,可以为受教育者的精神提供理论支持,同样也可以为现实价值提供有力支持,虽然教育也许不能直接解决现实问题,但是却能够为解决现实问题提供有力的理论基础。

思想政治教育具有的理论价值以及现实价值,需要通过人们正确地处理来平衡二者的关系。受教育者需要通过日常教育,让思想政治教育理论学习为他们解决现实问题提供帮助;同时,思想政治教育也需要将理想价值作为目标,正确地引导受教育者树立自己的人生观,两者的有机结合,才能够将思想政治教育的价值最大化。

（三）正面价值与负面价值

正面价值是指通过与思想政治教育相关的活动,来满足更高层次的社会发展的需求。我国的思想政治教育,将马克思主义作为指导方向,在整个马克思主义理论体系下,按照党和国家的奋斗目标,根据受教育者的实际,有目的有计划地实施,在积极满足发展需要的同时,思想政治教育就在这教育中产生了正面价值。而负面价值相反,它能阻碍社会和人类的发展进程。

负面价值往往包括两个方面:一是零价值或无价值,当思想政治教育活动,没能够起到目标作用和教育目的时,人的思想政治素质没有任何改变;二是负价值或称否定价值,即思想政治教育活动妨碍了国家和社会的思想政治教育目的和任务的实现,甚至破坏了原有的思想政治教育成果,对社会和人的发展起到了消极或有害的作用。

(四)显性价值与隐性价值

显性价值是通过教育当中呈现给外界的语言行为和价值评估等作为主要显性价值的依据。思想政治教育有效提高受教育者的素质,增强其改造自然、适应社会的能力和水平,在实践中为社会创造更多的物质财富和精神财富。思想政治教育没有通过一些活动展现出来,而是通过隐性价值展现出来,这就是思想政治教育的隐性价值。素质的提升是一个从知识掌握到行动的复杂过程,教育也许改变了人们的思想观念但并不能及时地通过外在行动展现出来。但是这种思想政治教育的价值是属于隐性状态的,人们不可以通过显性的价值来评判教育的价值。

显性价值和隐性价值通过思想政治教育的价值,展现出其统一性;显性价值一般滞后于隐性价值。根据教育规律,受教育者良好素质的养成是一个长期的渐进过程,思想政治教育的效果,往往在受教育者接受教育结束后很久才能逐渐显现出来。

(五)目的性价值与工具性价值

工具性价值作为目的性价值的前提,是一种巩固阶级统治的工具。将传播意识形态作为主要手段,将工具性价值作为价值教育当中的主导地位,体现思想政治教育的内核。工具性价值能够保证实施目的性价值;同时,工具性价值的实施是目的性价值的归宿。

目的性价值是通过正确引导,让受教育者在发挥自己主观能动性和创造性的同时,主动认识到自身发展需求,最终成为全面综合发展的社会公民。思想政治教育从阶级性和实践性出发,通过使受教育者的意识形态符合社会发展,来满足社会管理和阶级统治的需要。目的性价值,就是将个体作为主要的主体,通过思想政治教育来满足个体精神层面的需求,通过提升思想政治素养来达成对人类精神世界的构建。

工具性价值和目的性价值,这两者之间相互都有着支配和制约的作用。这两者能够在思想政治教育的实践当中进行有机的统一,不可分割。思想政治教育不仅要为社会培养合格的社会主义建设者和接班人,而且还要为受教育者实现成才成长的个人目标服务。

四、大学生思想政治教育价值的主要内容

社会价值是思想政治教育通过传授教育内容,逐渐将社会文化、政治及经济建设制度通过教育而积极地构建起来,从而让思想政治教育获得客观存在的社会价值。这与一些社会的文化、经济和生态现象具有一致性。教育发生了作用,呈现出对社会方方面面

的价值,因此这也是思想政治教育具有社会价值的形态体现。

(一)经济价值

经济价值是通过思想政治教育活动创造的促进社会发展以及经济增长,从而满足人类需求的效应。人类的需求可以分为精神需求和物质需求,这些都是能够通过思想政治教育的经济价值来满足的,将经济建设作为思想政治教育的中心,要通过正确的理论指导,来保证社会主义的发展方向,并为经济建设提供动力。

1. 思想政治教育可以确保社会经济的发展方向　社会主义制度下的市场经济,是通过市场的机制和社会主义制度有机结合起来而形成的。市场作为资源配置的基础,能够结合市场机制的规范来坚持社会主义方向的发展。市场经济向社会主义方向发展对市场经济的本身构成有重要意义。一是社会主义方向是通过市场经济的构成得到保障的,这也是控制社会主义市场经济发展的根本依据;二是人们对社会主义市场经济的构成有一致的理解与认识,在相同的内在结构当中,人们由于共同的认识而达成自觉地坚持社会主义市场经济的发展方向,而这离不开人们在思想政治教育方面的学习,只有充分保证这个优势,才能够对现行的社会经济体制作出正确的引导和宣传,让人们认识到经济制度在目前社会具有必然性和合理性,通过规范经济行为,让人们逐步地产生规范的意识。关于效率观念和竞争意识的正确教育,也能进一步地推动人们更积极地为经济建设作出努力。

2. 思想政治教育能推动社会的发展,能够成为社会发展的内在精神动力　作为社会的生产主体,人是生产的主力,人类通过生产力的发展,来征服自然和改造自然,这也是生产力发展至今的最主要动力。当代中国要将发展作为我国的第一要务,通过保证科学技术的发展,来为我国的生产力提供持续发展的动力,提升科技进步和劳动者素质是我国当今社会生产力增长的最关键因素,这些根本因素也让经济的增长方式发生了改变,人才已经成为我国生产力发展最重要的战略资源,也是我国生产力发展和进步的开拓者。这说明人才是促进生产力的重要因素,只有让人全面发展,成为先进的劳动者,才能够进一步发展和提升社会生产力。

劳动者的全面发展要具备两个基本的素质:一是需要具备先进的劳动能力以及具备科学文化的基本素养,二是需要有积极的社会责任感和事业心,能够通过崇高的精神和积极的劳动来为社会生产提供动力。科学素养和劳动力是能够直接展现在劳动者身上的因素,劳动者本身具有的道德和思想政治素质,能通过直接和间接的作用反映到生产力上。这种直接和间接的作用,不但能够展现出人类的智力条件,也能够展现出一些精神层面的非智力条件因素,其中,非智力因素通过反映劳动者素质,成为提高劳动者精神动力的重要条件,也深刻地影响生产力发展的方向。

思想政治教育也能直接影响人们的道德素质和政治素质的发展。思想政治教育能通过教育内容,激发劳动者本身的创造性和积极性,为生产力的发展提供不竭的动力;思想政治教育也改变了原来的生产关系,通过发展生产力,让生产关系更适应现代社会的发展需要。需要正确对待这种改革,因为改革当中一定会出现一定的困难和风险,但是中国特色社会主义的道路能够为改革进程中的开拓者提供信心和动力,让人们充分地投入改革运动中,发展和解放生产力。

3.思想政治教育可以为经济发展提供环境　国家的经济增长是一个国家能够为人民提供经济商品的能力保障。而这个能力是通过技术的进步和意识形态的完善实现增长的。经济发展在任何社会中都需要思想意识的支撑。人们的生活生产方式,随着全球经济的变化产生着相应的变化,这反过来也会影响人们的思想观念和价值观念,各种新的思潮涌现能够深刻影响我国意识形态的变化。在这种情况下,一定要严查意识形态的宣传教育,不能让全球经济快速发展的新思潮打乱了意识形态教育,而影响我国社会主义现代化建设的事业发展。意识形态的教育也是思想政治教育中最主要的环节。

只有社会的稳定与和谐才能够促进社会环境长足发展,而思想政治教育能够通过对意识形态的教育,来为人们创造良好的社会舆论氛围和精神氛围,通过社会良好风气的养成来促进市场经济健康发展。思想政治教育能让受教育者辩证和全面地看待经济问题,并通过客观科学的分析,让人们从狭隘的经济增长框架中拓宽视野,通过树立自己的科学发展观念,让经济和社会的进步具有可持续性和科学性,在思想政治教育的教学内容中,总结出方法论和指导思想,从而形成对经济进步方面的正确认识,并逐渐形成良好的社会、心理和道德环境。在思想政治教育的教学内容当中,总结出方法论和指导思想,对经济逐步形成正确认识,逐渐形成良好的社会心理环境和道德环境。

(二)文化价值

思想政治教育在某种程度上能够满足人民的文化需求,同时促进文化发展,这就是思想政治教育在文化方面的价值。在社会意识形态的组成要素中,思想政治教育不可或缺,它本身就是需要付诸实践的文化活动,可以有效促进我国社会主义文化的发展,增强国家软实力,建设文化强国。思想政治教育的文化价值主要体现在以下方面。

1.文化传播的价值　人们的政治观点或思想观念等具有文化特征的文化观点,从一个群体当中传播到另一个群体中,这种传播过程称为文化传播。思想政治教育通过广泛传播社会主流的文化教育,来让公民具有社会化的思想道德意识。

思想政治教育是教育者向受教育者传递一定的思想观念、政治观点、道德规范的过程。思想观点、政治观点、道德规范均属于文化的范畴,思想政治教育是一种特殊的文化传播方式。思想政治教育不但是一种教育方式,同时也是一个教育过程。思想政治教育,从主导意识形态和传授思想政治相关信息方面,让学生们接受主导社会文化发展的价值观,并养成符合社会发展需要的行为习惯;同时也能够通过思想政治教育的学习和实践活动来获得相关知识,从而形成符合社会发展观念的政治态度、观点、信仰、情感和行为。以上两种活动相互联系、相互作用、辩证地统一于思想政治教育的过程中。

2. **文化选择的价值**　思想政治教育在文化选择方面的价值主要有两个方面,分别是正面的选择和反面的排斥：正面的选择主要是吸收积极的文化,筛选与思想政治教育价值观相同的内容,将这些先进思想纳入教育中,丰富思想政治教育等组成部分,并在后期发展中继续继承、不断弘扬；反面的排斥主要是排斥与思想政治教育导向不符的内容,对有害的劣质文化加以抵制,从反面推动思想政治教育发展。

文化包括主流文化和非主流文化,通过丰富的内容和表现形式,能够为人类社会的发展提供最宝贵的历史精神财富积累,但文化也有糟粕。无论是物质方面的文化还是制度和观念方面的文化,不论何种形态文化,只要与思想政治教育的最终目标和内容一致,思想政治教育都应该积极选择和吸收,促进积极文化发展,使它们拥有更广阔的发展空间。反之,如果是消极的文化或与思想政治教育的目标和内容背道而驰,那么就应该坚决抵制或对其进行批判,使之无法进入教育体系,以确保思想政治教育的纯洁性和先进性。我国社会主义文化的繁荣和发展,离不开思想政治教育的推动。要把我国建设成为文化强国,思想政治教育应该不断取长补短,筛选各种文化,吸收有利内容。对中华民族的传统文化,需要批判地继承。对于一些西方文化,应该批判性地创造转化和理性地借鉴。对各种文化现象和因素,通过科学的鉴别、分析和筛选,加强对文化的继承和利用。

3. **文化创造的价值**　文化创造是思想政治教育通过创造,将文化的发展向思想政治教育方向进行有价值转换。文化是一个民族的灵魂和标志,是一个民族的精神家园,是民族认同、国家认同和民族凝聚力、创新力、发展力的基础。在全球化的大背景下,市场竞争的表面是经济之争,深层次则是文化之争。

思想政治教育在培养创新型人才方面起到了很大作用,也促进了广大人民群众积极投身物质和文化生产建设中,推动精神文明建设,此外,还可以丰富理论知识内容。思想政治教育的教育者在传播思想政治观念、价值观过程中,会结合当前社会实际情况及自身的教学经验吸收优秀文化,自觉抵制腐朽落后的文化,向受教育者传播最新的思想和理念,确保符合社会主义核心价值观的要求,同时,也完善了原有的文化体系。思想政治教育在教育学科中具有特殊性,因为能够影响人们的生活方式和价值观念,通过改善人们的知识结构来影响人们在活动和生活当中的行为习惯,对更新人类文化结构也起到了一定创造作用。

4. **文化渗透的价值**　通过倡导符合阶级目标的道德要求和文化价值观念,逐渐让符合要求的思想政治教育渗透到相关的教育过程当中,通过思想政治教育来弘扬社会主义文化,使之在社会亚文化中发挥更大作用,而要使主流文化渗透和影响各种社会亚文化,最重要的一种方式就是思想政治教育。思想政治教育传播主流文化,体现当前时代发展的特点,以人民为中心并具有中国特色,在指导思想上,以马克思主义为指导,融入了中华民族优秀传统文化,借鉴、吸收世界优秀文化,具有包容性和多样性。在主流文化外还有各种亚文化。这些主流之外的文化,不仅在方方面面影响着社会文化的总体发展,也影响到社会的发展。思想政治教育不仅包括主流文化,还要从各种亚文化中吸收优秀内容,抵制落后思想,使主流文化能够更好发展。

文化渗透功能可以通过思想政治教育把主流文化发展渗透到亚文化中,亚文化在社会文化发展当中也十分重要,将主流文化渗透到亚文化之中,能够创造更良好的社会文化环境,引导正确的文化发展方向,将冲突减弱,并通过文化的融合与吸收,让文化成为思想政治教育的载体,通过社会文化的融合,形成更加健康的社会文化环境。

(三)生态价值

让全民形成环保意识和节约意识,对生态环境也有正确的保护意识,形成良好的合理的消费观念,共同营造良好的社会风气。让学生在良好的生活环境下,为生态作出自己的贡献。

思想政治教育在引领生态思潮、促进生态文化创新方面也是重要推动力。工业化发展让人们对自身所处的环境和不断恶化的生态有了更清晰的认识,人类要面对的生存危机也日益凸显,在危机中形成了多种生态思潮,如生态哲学、生态政治学、生态社会主义、生态社会学等,从不同方面寻找生态危机产生的原因并找到解决方法。生态思潮主要通过重新审视人类文化,批判一部分思想文化,从思想上寻求生态危机产生的根源,也就是社会文化和价值观方面的问题。思想政治教育需要以马克思主义为指导,从这个角度出发,帮助学生形成正确的生态观,引领生态思潮的发展,探讨生态思潮产生的原因,从本质上揭示,让学生在评价和选择方面有更明确的方向。

人与自然的和谐发展,人类社会协调可持续地发展是全人类的共同追求,也是最终的发展目标。中国先进文化中,社会主义生态文化是关键的一部分,马克思主义是指导思想,最终目标是要实现人、自然和社会的协调发展,这既是人类历史发展势不可挡的趋势,也是先进文化的要求。思想政治教育立足于当下,紧跟时代发展步伐,在生态文明建设方面,始终坚持创新,遵循生态文明建设原则。这样做的目的是让受教育者明白生态文明建设的价值,认识到自然界不仅可以为人类提供物质所需,还可以满足人们在科学、审美、文化方面的需求,具有极大的精神价值。一定要充分发挥思想政治教育在文化创新方面的作用,以科学发展观为指导,从古今中外的生态文化思想中吸取合理的部分,人民群众在生态文明建设过程中的经验也值得借鉴,可以总结和提炼,使生态文化朝着创新方向发展,在未来发挥更积极的作用。

(四)集体价值

具有共同目标的人聚在一起组成一个集体,集体成员之间相互影响,有共同的目标追求,朝着同一个方向努力。思想政治教育价值有时通过集体价值表现,以集体为主,思想政治教育的客体价值通过集体来实现,也就是思想政治教育活动可以满足集体发展需要。由于思想政治教育本身具有独特的属性和作用,因此可以对集体产生积极的影响,促进集体发展。

1. 增强集体凝聚力　中国共产党一直就有进行思想政治教育的传统,思想政治教育可以团结和凝聚广大人民群众的力量,在长期的革命实践中已经得到了验证。思想政治教育可以使人们团结一致,使之形成强大的动力,推动集体发展,凝聚众人的力量。

(1)强化集体认知。思想政治教育通过引导个体深刻认识到自身与社会的紧密联系,帮助其在服务社会的过程中实现个人价值。在此基础上,个体通过持续接受思想政治教育,逐渐凝聚成集体的认同感,形成共同的价值观和行为准则。这些准则不仅约束集体成员的行为,还为集体发展提供明确的方向。同时,通过科学合理的规划,集体能够确立共同的发展目标,从而在实现目标的过程中不断强化集体凝聚力和向心力。

(2)深化集体情感。思想政治教育能够培养个人对集体的认同感、归属感、荣誉感,构筑健康的集体心理,使个体渴望成为集体中的一员,自觉把个人利益和集体利益结合在一起,与集体荣辱与共。

(3)坚定集体信念。思想政治教育通过引导人们的思想意识来影响集体成员的行为习惯,让集体成员形成集体荣誉感和责任感,并对集体保持忠诚、自信和自豪,这种觉悟能够让集体成员保持齐心协力的发展方向,通过共同的目标来激励自己约束自我的行为习惯。

2. 形成集体文化　全体成员的共同努力才创造了集体文化,它包括物质的和非物质的文化,集体成员通过学习可以使之继续传承和发扬。在集体文化建设和发展过程中,思想政治教育主要有以下两方面作用。

(1)制度文化方面。集体成员的行为受到各种规章制度的约束和支配。集体成员对规章制度的认同关系他们自身的利益,如果能够很好地贯彻落实规章制度,可以实现全体成员的利益,稳步提升他们的物质生活水平。因此,要帮助全体成员对集体的规章制度产生认同并自觉遵守,在执行制度过程中也要不断完善。

(2)精神文化方面。思想政治教育对人的思想具有塑造作用,统一集体成员的价值追求,树立正确价值观,让集体文化拥有更强大的生命力和凝聚力。通过思想政治教育活动,能够不断强化有代表性的集体文化,一些有特色的集体仪式和集体象征物等能够以更独特的面貌和方式对全体成员产生相应影响,塑造更好的集体形象。

3. 发展集体目标　个人价值的实现是在社会中进行的,也是在集体中进行的,而社会的发展也同样需要集体和个人的努力。思想政治教育就是帮助人们如何处理个人、集体和社会三者之间的关系,在集体目标中融入社会建设的目标,让集体目标体现社会发展的方向,促进集体科学地发展。如果集体制定的目标能够得到全体成员的认同,那么这个目标就是有效的,并可以让全体成员作为个人目标努力践行,这样可以推动更好地实现集体目标。思想政治教育主要通过宣传的方式,让人们认识到集体发展的目标,可以让人们用辩证和发展的眼光来看待这一目标,使个人的目标与集体目标发展相一致,使个人明确自己的志向。

集体成员在思想政治教育的融入下,能够更明显地表现个人情绪,使他们情感更充沛,彼此之间的关系更融洽,激发出积极的情感,抵制消极情绪。此外,还可以引导集体成员在情感和组织上更加积极向上。最终使集体目标内化为个人的目标,凝聚众人的力量,从而更好地完成集体目标。

4. 构建和谐成员关系　集体主义教育包括多方面的内容,主要有如何处理个人与集体的关系,对他人更理解和包容,集体成员之间彼此团结合作等。思想政治教育也采用了多种方式来缓解集体内部的矛盾,解决问题,使集体内部成员关系更融洽、团结一致。

(1)创造良好的集体氛围。思想政治教育要建立在对集体成员有很好的认识与了解的基础上,及时发现并解决问题,对集体成员有正面引导;在集体舆论中融入思想政治教育的内容,在无形中增强舆论感染力,创造积极向上的良好氛围。

(2)创造平等沟通交流的平台。思想政治教育要发挥沟通的作用,可以通过面对面的直接交流,讨论座谈会以及其他形式的媒介,促进思想的交流和意见交换,分享彼此的感受,使双方有自由平等交流的平台,可以增进感情,促进解决问题。

(3)关注集体成员的心理。思想政治教育可以促进形成良好干群关系,也可以帮助集体成员处理各种人际关系,正确看待彼此之间的关系,避免因为竞争导致的认识偏差,让集体成员保持心理平衡;还可以更清晰地认识和了解集体成员的思想,方便制定和完善某些政策,兼顾集体成员的意愿。

(五)个体价值

思想政治教育的个体价值体现在能够满足个人生存和发展的需要。实现人的自由和全面的发展是思想政治教育个体价值最本质的表现,也是最终的目标。思想政治教育的个体价值可以从激发个人的精神动力,塑造良好的个人品格和规范个体行为等方面体现出来。

1. 激发精神动力　让学生拥有积极向上的精神力量,促进学生全面发展,是思想政治教育的重要作用之一。在激发学生精神动力方面,思想政治教育发挥了很大作用。人因为有需要才会有行动的动力,进而有行动。人的需要不外乎两种:物质需要和精神需要,也会因此产生物质和精神上的激励。中国特色社会主义建设不仅要有正确的经济手段,还需要对人们进行精神鼓励,即思想政治教育。而思想政治教育对人的激励有民主激励、榜样激励、情感激励和目标激励。

一方面,思想政治教育宣传社会主义民主,另一方面,也通过各种方式让受教育者参与到社会主义管理中行使权利,这样可以调动受教育者的积极性。榜样激励是通过榜样的力量来影响受教育者,激发他们的上进心;情感激励是满足受教育者的情感需求,使他们在情感上趋向于积极、正能量。思想政治教育在理论方面始终以马克思主义理论为指导,践行社会主义理想信念,让受教育者树立正确的人生观和价值观,在精神层面给予人们动力。

2. 塑造个体人格　一个人整体上的精神状况就是人格表现,人格具有一定价值倾向,也是一种较为稳定的心理特征。人格主要包括个人精神品格、思想境界、情操和道德水平等。思想政治教育最主要的是要通过一定的方式,让受教育者形成良好的个人品格,在精神境界方面达到更高的层次并拥有健康的心理素质,为未来社会的发展培养高素质人才。

思想政治教育工作的深入开展,引导受教育者明确自身定位,认识到自己在未来社会发展中的地位,增强责任感和使命感,拥有主人翁意识;也让受教育者明确人生目标,树立崇高的理想,指明奋斗方向,对社会、人生和个人有更清晰的认识,具备改造和适应环境的能力;影响受教育者的认知、情感和态度,拥有健康向上的心态,热爱生活,主动创造,在生活中积极乐观,顽强奋斗,发挥个人的潜能,促进人格完善。由此可见,思想政治教育在完善和发展自我方面具有重要作用,给人内在的精神动力,帮助塑造健全的人格。

3. 规范个体行为　随着改革开放的深入和市场经济的繁荣,我国的经济快速发展,社会呈现出前所未有的活力,这些对社会规则也提出了挑战。我国目前正处于社会转型时期,思想政治教育的意识形态作用更加凸显,要努力践行社会主义核心价值观,通过道德和法律,双管齐下,规范学生的行为。

思想政治教育是对受教育者进行有组织、有目标的道德教育,可以让受教育者拥有良好的道德品质,陶冶情操,树立正确的道德观念,将这些道德意识内化于心,对自己的行为产生约束,在社会活动中用更高的道德规范来约束和管理自己的行为。通过加强法治教育,形成良好的法治社会氛围,让全体社会成员自觉形成遵守法律、学习法律的意识。同时,也要发挥法律的作用,引导和规范全体成员的行为,保障成员的利益,为社会主义核心价值观的践行提供制度保障。

第二章 大学生思想政治教育工作的核心——理想信念教育

第一节 理想信念教育与大学生思想政治教育的关系

培养什么样的人、怎样培养人和为谁培养人作为一个关乎社会主义教育全局性、根本性的战略问题,始终是高校思想政治教育工作必须牢牢把握的核心。加强和改进大学生思想政治教育的主要任务是以理想信念教育为核心,深入开展树立正确的世界观、人生观和价值观教育;以爱国主义教育为重点,深入开展弘扬和培育民族精神教育;以基本道德规范为基础,深入开展公民道德教育;以大学生全面发展为目标,深入开展素质教育。由此可以看出,理想信念教育居于大学生思想政治教育工作的首位,具有核心的地位和"灵魂"的作用。

一、理想信念教育是信仰教育的核心

信仰对于一个人的成长起着重要的作用。有信仰的人会集中力量为实现自己确定的目标而努力,因而也会推动个人在事业方面的发展而取得成功。理想信念教育对任何人都很重要,对大学生而言还有特殊重要的意义,理想信念教育是信仰教育的核心。在高等学校加强理想信念教育是时代的要求,在新的历史时期,必须有青年大学生参与,也只有赢得青年,才能赢得未来。理想信念教育是大学生基本价值观教育的重要组成部分。青年是祖国的未来,国家的命运总要掌握在他们手中。大学生是青年中的佼佼者,他们的学识和才能决定了他们不仅要成为社会主义事业的合格建设者,还要成为可靠的接班人。

理想信念教育是我国教育的光荣传统。从中华人民共和国成立到今天,理想信念教育一直没有停止。理想信念教育只有做到主观与客观相一致,认识与实际相结合,才能

起到积极作用,收到较好成效。理想信念教育的定位要得当,既要符合社会经济、政治、文化等发展的实际情况,也要符合人们的思想实际。

（一）个人理想与社会理想教育

个人理想是个体在对现实生活各个方面奋斗目标的向往和追求中,表现出来的具有积极意义的价值选择和创造精神,主要包括道德理想、生活理想和职业理想。社会理想是指人们对于未来社会制度和政治结构的要求和设想,是一定的阶级或集团的利益和愿望的集中表现,反映这些阶级或集团对"最完善、最美好"的社会制度和社会结构的追求。两者是辩证统一的关系。个人理想受社会理想制约,而社会理想又根植于个人理想之中。离开了社会理想,个人理想就可能偏离方向;而没有个人理想,也就无所谓社会理想。因此,两者不能偏废,过分强调哪一方面,都可能出现偏差。

理想作为人类特有的精神现象,深深植根于人的需要之中,而人的需要又总是从最基本的物质生活条件开始,逐步深化。所以,人的理想必然是从生活理想开始,逐步展开、升华,最后达到个人理想与社会理想的完美统一。可以说,没有远大的个人理想,就没有远大的社会理想。正是从这点出发,理想教育应从承认、确立个人理想入手,鼓励学生为实现个人理想而奋斗,以调动广大学生的热情和积极性。

个人理想与个人主义是不同的概念。同是个人理想,有的与党和国家的奋斗目标相一致,与人才成长规律相吻合,这样的个人理想是积极的,是应该肯定的。由此可见,鼓励学生为实现个人理想而奋斗并不错,关键是帮助学生树立怎样的个人理想。我们要教育学生把个人理想与社会理想统一起来,既符合个人利益,又反映广大人民群众的意志和要求。同时,我们的社会也应允许以个人利益为重,但不损害他人和集体利益的个人理想存在,并为其创造实现的条件,在实现的过程中努力将其引导到更高的层次。

在这里,我们要处理好个人理想教育与社会理想教育的关系问题。不能只讲社会理想,忽视个人理想,甚至以个人主义为名压制个人理想。要在帮助学生树立正确个人理想和为实现个人理想而奋斗的过程中,树立起社会理想,并达到个人理想与社会理想的完美统一。

（二）共同理想与共产主义理想教育

社会理想教育应从确立共同理想入手,原因主要有以下三点。

1. 共同理想和共产主义理想目的一致　共同理想和共产主义理想都代表了工人阶级和广大人民群众的利益,两者的最终目的是一致的。

2. 共同理想是共产主义理想的基础　共产主义理想的实现是一个漫长的过程,包括许多阶段和目标。共同理想就是中国人民在特殊的环境下,要实现共产主义所经历的阶段和目标。没有这个阶段任务的完成,就无法迈进共产主义。所以说,共同理想是共产主义理想的基础,教育学生为共同理想奋斗就是为共产主义理想奋斗。

3. 共同理想更易于被广大学生接受　共同理想作为社会主义时期的一个奋斗目标有极大的现实性,它就在我们的生活中,对全国人民携手共建社会主义具有巨大的鼓舞作用。另外,对于那些对人生价值有不同认识的学生来说,只要他们热爱祖国和人民,共同理想就会产生感召力和凝聚力,使他们在不同程度和范围接受共同理想并为之实现而做出努力。

我们强调社会理想教育要从确立共同理想入手,并不等于说排斥共产主义理想教育。由于共产主义理想揭示了社会发展的必然趋势,具有真理性,因此,在积极引导学生树立共同理想的基础上,还要努力使他们树立共产主义理想,并且要把他们中的一部分人培养成为坚定的共产主义分子。我们强调使学生树立共同理想的意义,在于突出理想教育的层次性。在目前情况下,信仰共产主义的学生是少数,他们是骨干,是中坚力量。对于多数学生来说,教育的重点应放在共同理想上。要使他们能够把理想与祖国建设结合起来,立志建设、立志改革,脚踏实地干事业。

二、理想信念教育是大学生思想政治工作的灵魂

引导大学生树立正确的三观是高校思想政治教育工作的最终目标。对于这一目标的达成来说,理想信念教育是重要的核心。大学生在理想信念教育下能够更清晰地规划未来的人生道路,更成熟地看待这个复杂又多彩的社会,能在国家利益中发现个人的利益,进而在进行社会主义现代化建设的过程中更加积极主动,有主人翁意识。大学生在理想信念教育下能够更加准确地分辨多元价值观,遇到考验也能够更加游刃有余,更有能力对抗各种文化糟粕和错误的生活方式。经过理想信念教育,大学生树立正确的三观会更加顺利,同时获得为人民服务的意识。经过长期实践的经验,我们得知,要想让青少年在政治方面获得坚定清晰的立场,必须依靠社会主义、共产主义信念和崇高的理想以及社会发展趋势与规律。

1. 道德修养建立在理想信念的基础上　人若有高尚的道德境界,就一定会有理想信念。有坚定理想信念的人更能拥有奉献国家、民族与社会的勇气;若一个人没有坚定的追求与理想信念,要进入到无我与忘我的思想境界是很难的。道德服务于人类,推动着人类的进步。道德本身作为一种理想存在,也是人们追逐的目标,实现理想人格是道德理想的最高境界,达到了这个状态的人可以说已经到达了道德修养的完满状态。

2. 文化教育活动因理想信念而获得意义和价值　人们在认识到文化现实的基础上想要进一步改善的现实,这种设想就是文化理想,以对人的社会境况的根本改变为其核心内容,它推动人们文化修养的提升,让人们组成文明社会。对于文化理想来说,文化教育是其实现的工具手段,而文化教育活动也因文化理想而获得了意义和前进的方向。文

化理想内部有层次上的差别,分别为个体文化理想和社会文化理想,文化教育是统一二者的主体。

第二节 大学生理想信念教育的影响因素

我国对外开放的程度不断加深,以及互联网的飞速发展无疑为西方敌对势力对我国的"西化""分化"提供了更为便利的条件。西方敌对势力对我国"西化""分化"的加强造成当代大学生理想信念的偏差。在开放的环境下,落后的世界观、人生观、价值观、生活态度及方式将更容易对当代大学生理想信念产生影响,使他们的认知受到侵蚀甚至偏离社会主义道路,不利于他们自觉地完善自我、服务中华民族的伟大复兴。在国际、国内的双重环境包围影响之下,理想信念教育面临着严峻挑战。

一、影响大学生理想信念教育的国际因素

随着改革开放和市场经济的发展,经济全球化进程的日益深入,大学生作为新生活方式、新技术、新思潮、新媒体的受众,更容易受到全球化的影响,尤其是受资本主义的文化和价值观的影响。其中,一些落后的思想侵蚀着大学生的心灵,使部分大学生出现了政治信仰迷茫、理想信念模糊、价值取向不正确等问题。

(一)世界政治格局演变的影响

1. 国际关系民主化进程缓慢的影响 随着经济全球化、区域化的深入,世界多极化成为不可逆转的趋势,"和平与发展"的时代背景为国际关系民主化的发展创造了良好的外部环境。国际关系民主化就是倡导世界各国通过平等协商方式解决国际问题。中国所倡导的国际关系民主化思想坚持以和平、相互尊重为前提,以建立国际新秩序为途径,最终实现世界各国共同利益的目标。其内涵主要包括五个方面:政治上倡导和平共处五项原则;经济上坚持正确义利观,追求合作与共赢;文化上保护文化多样性,坚定文化自信;安全上坚持国家安全观,共建人类命运共同体;生态上倡导人与自然的和谐共生。

当今世界,国际关系民主化的发展进程充满了曲折。随着中国社会的日益发展,西方国家对中国的防范心理也与日俱增,一方面他们期待中国承担更多的国际责任,帮助解决更多的全球性问题;另一方面又害怕中国国际影响力的逐渐增大威胁西方世界的地位。在以上这些因素的影响之下,国际关系民主化的推进举步维艰,进程缓慢,这就会影响大学生对国际发展形势的判断。

2. 我国国际地位提升的影响 在中国共产党的坚强领导下,我国沿着中国特色社会

主义道路不断前进,在对外交往和涉外事件中积极应对,逐步树立起负责任大国的良好形象。中国已经成为世界多极化发展中不可小觑的一极,综合国力、经济实力极大增强,国际地位不断上升。我国积极推动与周边国家的经济交往和贸易发展,共建"一带一路",即"丝绸之路经济带"和"21世纪海上丝绸之路",高举和平发展的旗帜,共同打造政治互信、经济融合、文化包容的利益共同体、命运共同体和责任共同体。同时,中国领导人加强对东南亚、中亚、非洲、南美洲、大洋洲等各国访问,开辟中国外交新局面。

当代大学生深刻体会到了新时期更具全球视野的中国外交,见证了中国在国际舞台上的自信和活力,见证了富裕起来的国人频繁走出国门参与国际交流。成长于21世纪的大学生由衷感受着祖国的变化,感受着人民的变化,感受着党的领导和中国特色社会主义道路带来的国家发展和国际地位的显著提升,极大增强了民族自豪感,增强了对党的领导和对中国特色社会主义道路的认同感和自信心,这就使开展大学生理想信念教育更深入人心、更具成效。

(二)经济全球化的影响

伴随着中国深度融入并跻身世界舞台中央的进程,人们在收获经济全球化"红利"的同时,也日益认识到随之而来的严峻挑战。全球化的深入发展不仅极大地改变了人类的生产方式、消费方式和交换方式,也极大地改变着人们的思想方式、思维方式和行为方式。各国相互联系、相互依存的程度空前加深,人类生活在同一个地球村里,生活在历史和现实交汇的同一个时空里,越来越成为"你中有我、我中有你"的命运共同体。

经济全球化使我国面临的政治环境发生了新的变化。一方面,国际政治格局和政治力量发生了新的变化。从过去社会主义和资本主义两个阵营长期对峙到社会主义进入低谷,资本主义有了新的发展;另一方面,随着经济全球化的发展,我国与西方资本主义国家的关系发生了重大变化。随着改革开放的不断深入,资本主义的思想观念、政治制度、民主方式甚至是各种腐朽文化和错误思想观念都随之传入,在一定程度上影响大学生的思想观念,削弱了大学生追求社会主义、共产主义理想的信念。

经济全球化对中国意识形态领域有着直接的冲击。经济全球化进程中的多样化和离散性,引起了思维方式和价值观念的变化,使我国马克思主义主流社会意识形态面临着多元化的冲击。

全球化进程本来就是世界各个民族国家间以经济为核心形成的政治、科技、文化、生活等各个领域紧密联系的过程。在该进程中,经济全球化要求冲破国家壁垒,在全球范围内进行资源配置,按照资源利用最大化的原则,一切民族国家对民族经济的自我保护都应该消失。在经济上各个国家的民族经济都处于世界经济的普遍联系之中,国际生产分工体系的形成和国际贸易的全球化使资源配置与经济运行突破了一国国民经济的框架,没有哪个国家对本国的某项产业有绝对的控制权,因为从原材料、技术、劳动力到市场都有国际性的因素存在。信息与通信技术手段的发展也使国家的界限变得模糊,每时每刻都有大量的信息流过任何一个国家的国土,信息社会中联系方式的变革也改变着人们对地域的传统观念。国际组织作用的增强、跨国运动的盛行等,也都在改变着大学生对民族国家界限的认识。

全球化进程中发达资本主义国家占据着主导权和发言权,相对于后发展国家构成了不对等关系,加剧了发达国家对后发展国家的经济掠夺和意识形态的渗透。对发展中国家而言,目前迅速发展的经济全球化趋势已使世界经济联成一体,贸易自由化、金融市场一体化已经成为超国家的经济力量,它迫使各国实行更为开放的经济政策,剥夺了发展中国家的一些经济职能。全球化带来的压力不仅体现在经济领域还体现在政治领域。发达国家利用全球化中的优势地位向发展中国家施加政治压力,迫使其接受西方的政治模式。与此同时,在科技上也保持垄断,特别是在高科技领域一直对发展中国家进行封闭。

在全球化背景下,民族国家的形态即国家与社会的关系模式会发生变化。全球化作为一个客观的历史趋势对民族国家的影响是全面而深刻的,它会使国家与社会、国家与国际关系变得更为开放化和多元化,但生活于全球化进程中的大学生并不能主动地察觉和意识到因为国家地位不同造成的各种不对等,从而模糊对国家和民族的界限。

二、影响大学生理想信念教育的国内因素

目前,我国正处于经济体制深刻变革、社会结构深刻变动、利益格局深刻调整、理想信念深刻变化的时期。新时代是一个多元文化交融的时代,是一个多种文化思潮并存、多样价值利益诉求并存的时代。伴随着市场经济体制改革带来的就业压力,社会竞争压力增大,趋利性成为很多民众追求的价值取向,并逐渐蔓延至大学校园。多元文化融合产生多元价值观念,催生价值利益诉求的多样性,一定程度上影响着大学生的理想信念。

(一)文化多元化的影响

经济全球化条件下,文化多元不可避免。多元文化在一定程度上促进世界文化的多样化,但同时也冲击着我国的原有文化,主流文化和各种亚文化相互激荡、碰撞、交流和融合。文化多元化可能会引起大学生的价值冲突,甚至影响他们的文化认同,对大学生的理想信念产生一定的冲击,给大学生理想信念教育带来了较大的难度。

1. 多元文化的传播导致大学生价值观念的多元化　随着经济全球化、网络信息化的发展,多元文化的传播更加便捷,成为一个错综复杂的发展体系,形成全方位的多元文化并存的发展格局。在时代性质上,传统文化、现代文化、后现代文化共在;在空间维度上,

乡土文化、城市文化、东方文化、西方文化、国家文化、洲际文化、世界文化相互激荡；在主体上，精英文化与大众文化等在不同阶层的文化中各领风骚；在地位上，主流文化与各种亚文化相互涌动。

多元文化的传播带来价值观念的多元化，不同文化倡导不同的生活方式、价值理念，在这种多元文化的影响下，大学生不可避免地产生价值观念的多元化。

2. 中华文化的传播有利于大学生坚定文化自信　随着我国市场经济建设和改革开放的不断深入，中国特色社会主义道路在理论和实践上不断成熟，中华文化在国民和全世界范围内的影响力在不断提升。这种影响的提升一方面是指国人对中华文化的再认知，另一方面是指中华文化在现代社会中兼容并蓄，不断发展。我国越来越注重对优秀传统文化的继承和弘扬，特别是注重将社会主义核心价值观植根于中华民族优秀传统文化的沃土中，对我国人民坚定文化自信以及在世界范围内弘扬中华文化起着极其重要的作用。

在国内，人们对自己的文化逐渐有了一个客观的认识和评价。中国的特殊国情要求我们必须建设自己的精神家园，西方的制度和文化不能解决所有的问题，因此对中华文化要有正确的批判继承的态度，发挥中华文化在现代社会中的积极作用，在古典诗词和传统古籍中寻找精神慰藉。在国外，中华文化逐渐被世界所认知和接受，开办孔子学院，推广汉语，增强中国与世界各国在教育文化方面的合作与交流，让世界各国更进一步了解中国，了解中国文化。中华文化的广泛传播和影响力的提升，一定程度上增强了大学生对中华文化的信心、对中国特色社会主义道路的自信。

（二）社会信息化的影响

信息技术的高速发展已经融入大学生的日常生活，成为他们生活中的有机组成部分。

1. 网络信息传播方式的影响　大学生作为互联网的主要使用群体之一，一方面，易接受这些混杂思想的影响，使价值判断进一步模糊化；另一方面，改变了传统理想信念教育实践中师生在教学中所处的地位。由于互联网使获取信息高效便捷，通过互联网学生可以便捷获得远远超过教师在短暂的课堂时间能够传达的关于某一知识的信息。教师与学生信息占有不对称关系的改变，使学生日渐由教育实践的被动接受者成为主导者。因此，教学的主要任务也由传递信息转变为辨别信息，也就是说，大学生的理想信念教育既要帮助青年学生确立正确的理想信念，也要使其获得树立正确理想信念的方法，不仅"授之以鱼"更要"授之以渔"。

2. 网络安全问题的影响　大学生使用网络，同时也带来安全问题。随着网络应用的发展，遇到的安全问题也层出不穷。大学生的社会生活经验不足，网络安全意识普遍较差，遇到网络安全问题的危害更大。在网络化、虚拟化的生活中，大学生更容易受网络不良信息的影响,他们辨识网上信息真伪的能力相对较低,对不良信息抵制能力差,容易对互联网上传播的信息过度信任。因此,政府和监管部门应该加强对网络环境的监管,加大对网络游戏内容的审查监管,加强对网络游戏运营商的约束,减少不良网络游戏对大学生的影响。各高校应加强大学生的网络安全意识教育和培养,帮助大学生从网络中获取真实信息,排除虚假信息干扰。

当代社会主要是由发达国家主导着信息社会的发展,在网络信息中,有相当一部分的信息由西方国家提供。网络虚拟世界中充满着危害大学生身心健康的内容,部分大学生抵制能力相对较差,往往沉迷于虚拟网络世界,长期沉迷于网络游戏,沉溺于虚拟空间,用虚拟化的自我形象代替日常生活中真实的自我,冲击着大学生的思维方式,削弱了大学生的逻辑思维能力,严重影响着大学生的日常学习和生活。如果大学生脱离了现实社会、脱离了正常的学习生活,理想信念就更是无从谈起。

3. 网络信息内容的影响　随着现代科技的迅猛发展,特别是以通信、网络、多媒体为代表的信息技术的广泛普及和应用,信息传播途径的多元化和不易操控性使各种各样不良信息有了广阔天地。由于现代信息技术的传播具有信息量大、传播速度快、使用方便和难以控制的特点,一些消极信息也趁机而入。一些自控力较弱的大学生的身心健康受到严重损害。更为严重的是,由于受到垃圾信息的影响,青少年犯罪的事件层出不穷。信息传播通过多种方式和载体,对青年一代的认知力、想象力、情感、意志等方面都产生了巨大的影响,并最终改变广大学生的思想以及行为方式,从而影响他们的世界观、人生观和价值观。

我国目前处于主流意识形态与非主流意识形态相互交织的转型时期,社会矛盾突出,观念多元。大学生因辨别分析能力较弱,极易轻信网络上的不良舆论,很难准确判断事情的真伪,很可能丧失对价值取向的判断,陷入信仰缺失难以自拔。

网络化信息时代,新闻媒体作为最大的社会舆论导向传播者,肩上的责任重大,存在的问题也不容忽视。

(三)社会矛盾凸显的影响

中国现在正处于发展重要战略机遇期和社会矛盾凸显期。在这样的历史时期,传统社会向现代社会转型,计划经济向市场经济转型,工业化、信息化、城镇化、农业现代化等相互交织,再加上中国这样一个人口大国,地域差异大,国民素质参差不齐,人民对个人利益更加看重,对党和政府提供的服务提出了更高的要求。

1. 区域发展差异对大学生择业观的影响　我国地区发展差异是客观存在的,地区发展差异对大学生的择业观尤其是择业地区的选择产生了一定的影响。沿海与内地之间、东西部之间、省市之间、南北之间、城乡之间经济发展的差距较大,不同地区居民收入和工资水平有着巨大差别。刚毕业的大学生都希望摆脱原来成长环境或者资源的束缚,在一个更加优越的环境和条件下实现自己的梦想。在经济发达地区,大学生能享有更好的教育、医疗保险、社会保障和就业政策,大学生普遍觉得在大城市发展的机会多、空间大、待遇好,如果在中西部欠发达地区就业,落后的经济发展水平必然会导致较低的工资和福利待遇,也就意味着他们的付出和回报不成比例。另外,自然环境的差异,城市文化底蕴和饮食习惯的差异等也都直接影响着大学生的职业选择。

2. 贫富差距对大学生进取心的影响　　改革开放以来,我国经济快速发展,贫富差距也随之增大。贫富差距现象的存在,尤其是大学生中贫富差距的存在,给他们带来了不同心理、人际关系、职业发展的影响。贫困大学生由于经济上的原因,往往比其他学生面临着更大的心理压力,更容易产生心理问题,他们一般自我评价不高,自信心不足,消极悲观的思想会影响他们的人生观、价值观的形成。

大学生在大学期间要完成从学生到社会人的转变,人际交往能力的培养对他们尤为重要。因为贫富差距的存在,往往家境优越的学生一起旅游、逛街,交往密切,而经济困难的学生省吃俭用、勤工助学,无形之中产生不同的交际圈。贫富差距对大学生职业发展的影响也较为深远。对于贫困的大学生而言,找一份稳定的工作,从而获得自身安全感,甚至还要帮助整个家庭脱贫。而对于家境好的同学,家庭经济负担轻,选择机会多,甚至可以不计成本去做自己喜欢的事或者自主创业。

贫富差距的存在不仅对大学生个体的成长发展产生重要影响,对于整个社会阶层也有深层次的影响。目前中国一流高校中,来自农村的比例越来越低,贫困生数量越来越少,主要原因是基础教育的不均衡、偏远地区师资力量和教学水平不高,各地高等教育资源分布不均也是一大原因。贫困地区的孩子入校后往往会发现自己综合素质较弱,文艺等特长匮乏,要和其他同学竞争就得付出比别人多的努力,有时还得不到预期的效果,因此产生悲观情绪,进取心减弱。

第三节　大学生理想信念教育的提升路径

一、丰富大学生理想信念教育的内容

(一)联系学生实际,增强教育内容的针对性

在世界多极化、经济全球化的历史时期,大学生思想活动的独立性、选择性、多样性和差异性逐渐增强,加强大学生理想信念教育,就要从大学生的实际出发,时刻关注大学生在生活、学习、交往、修养、心理和职业发展等方面的实际需求,把理想信念教育与解决

大学生成长成才发展过程中遇到的实际问题结合起来。

1. 教学内容侧重于学生的内在需求　理想信念教育的作用对象是受教育者,把握大学生的特点,是加强其实效性的关键,大学生思维灵活、对新事物充满好奇以及对兴趣点探究的执着为多元价值观念的传播提供了土壤,也是教育的有力武器。大学生群体与其他群体具有差异性,他们虽然摆脱了少年的懵懂无知,但还没有真正步入社会,思想观念还没有定型,是进行教育引导的最佳时期。对不同专业、不同个性特点的学生,在制定教学计划时应该考虑到他们之间的差异性,这种差异存在于接受能力和认识水平上。教育者应当用不同的教学标准来教导思想高度和知识水平不同的学生;在教育学生干部和党员时,更要加深教育层次,使其更有责任感,成为学生中的模范;另外,高校学生的民族与信仰比较多元,对学生的教育应当建立在尊重差异的基础上,守住基本法律道德底线。对学生多样化的职业理想应进行鼓励,对于学生的理想与生活多进行正面评价,以提升他们的积极性。此外,还要在日常生活中启发、训练学生,让他们有稳定的信念,勇于面对挫折,促进学生的身心全面发展。

2. 教学内容侧重解决深层次思想问题　在理想信念教育过程中,大学生总是有选择地将一些感兴趣的知识、理论和价值观念纳入自己的知识体系中,总是有选择地将一些社会要求的思想政治素养内化为自己的观念和品质,再将这种观念和品质自觉地表现到具体行动之中,久而久之就会形成一种稳定的心理倾向,进而形成坚定的理想信念。理想信念教育是一个内化的过程,是一个从"知"到"信"再到"行"的过程,具有长期性,不能急于求成,要给学生选择、判断的机会和时间,在循序渐进中完成教学目标。核心价值观的养成绝非一日之功,要坚持由易到难、由近及远,努力把核心价值观的要求变成日常的行为准则,进而形成自觉奉行的信念理念。

3. 教学内容侧重对个人理想的引导　个人理想指处于一定历史条件下和社会关系中的个体对于自己的未来物质生活、精神生活所产生的种种向往和设想。大学生要树立坚定的理想信念,就是要认识人类社会发展的基本规律,把个体放到历史发展的维度中,审视自己的价值。在当下中国,大学生的个人理想就是要在中国共产党的领导下实现中华民族伟大复兴的中国梦,就是要坚定马克思主义的科学信念,树立社会主义、共产主义远大理想。

一方面我们要加强个人理想教育,用社会理想指导学生树立正确的生活理想、职业理想和道德理想;另一方面,我们也要加强社会理想的教育,要让学生懂得个人理想的实现依赖社会理想的实现,个人理想必须同国家的前途、民族的命运相结合,个人理想才可能变为现实。不仅要强调理想信念对实现社会发展的作用,也要强调理想信念对每一个个体生存和发展的价值,这也是个人理想得以实现的基础。这就要求理想信念教育的内容要侧重于对个人理想的引导,使二者在实践中形成真正的统一。

(二)联系社会实际,增强教育内容的时代性

新时代高校进行理想信念教育,不仅要延续传统知识性的教育内容,更要结合实际生活,关注新的形势发展,注重体现时代性。

1. 关注社会形势,及时更新教学内容　中国共产党的指导思想是马克思主义,中国人民以马克思主义思想为指导思想,在新民主主义革命中获得了胜利,此外还获得了社会主义现代化建设上的成就。所以,马克思主义理论是理想信念教育在任何时刻与条件下都要遵循的内容。在向大学生传授政治经济学、马克思主义哲学与科学社会主义时,要对理论进行精讲,让大学生知道每一种理论背后的含义与道理,使其进行深层次的思考。在对传统知识进行传授的同时,还要将时代精神融入理想信念教育中,让教育具备时代性特征。因此,理论时代性对于理想信念教育是十分重要的,要让大学生学到最先进的科学理论。

2. 关注理论结合实践,精准把握时代脉搏　目前高校理想信念教育普遍存在单纯重视传统理论知识,将理想信念教育的内容与社会现实相分离,导致理想信念教育内容抽象化的现象。我们要解决这一问题,必须将理论知识灌输与当前的社会现实相结合,突出教育内容对于大学生实际生活的重要意义。

对大学生进行理想信念教育,就是要让大学生读懂马克思主义基本原理,并可以将马克思主义基本理论和社会现实结合起来,用马克思主义来分析和研究当下的实践,培养和提高大学生分析问题和解决问题的能力。同马克思主义经典作家在他们那个年代、针对当时的形势和斗争需要提出来的具体论断、具体行动纲领区别开来,学会运用新形势下党的最新理论成果来分析、回答现实生活中的问题。

为了引导学生正确地认识,我们应该一方面用党的路线、方针、政策和马克思主义基本原理教育学生,提高其理论认识水平;另一方面,用社会现实来说服学生。改革开放多年以来我国取得了举世瞩目的成绩,中国社会实现了由封闭、贫穷、落后和缺乏生机到开放、富强、文明和充满活力的历史巨变,经济实现了飞速发展,人民生活水平发生了质的飞跃。用这些大学生可以切实感受到的现实生活来对其进行教育,充实理想信念教育的内容,增强学生对教育内容的认同感,从而提高理想信念教育的实效性。

(三)联系第二课堂,增强教育内容的实践性

加强大学生理想信念教育不仅要抓好思想政治教育课等课堂教学环节,更应该紧密联系社会实践、团学活动等第二课堂,增强其教育内容的实践性。第二课堂的理想信念教育是加强和提高理想信念教育实效性的重要补充,它能够使大学生在实践过程中加强对社会主义和共产主义理想信念的认同。

1. 让学生走进社会，了解社会　社会实践，是高校开展理想信念教育的关键过程，在引导大学生走进社会生活、认识国情、提升能力、服务社会、培养技能、塑造人格、提升社会使命感等方面扮演着至关重要的角色。理想信念的产生离不开理论基础，更需要在现实中加以验证，让学生全面掌握课堂上学习的理论知识后，到社会上加以灵活运用，为社会发展做出自己的贡献。社会实践是连接校园和社会的桥梁，是理论教学的拓展。利用社会实践，学生可以积极地走进社会，了解所担负的社会使命，实现个体理想同社会理想的融合。

积极带领大学生按照就近原则实地考察部分革命圣地、爱国主义教育场馆，调查访问当地群众，用照片、影像等方式记录相关资料，撰写调查报告，分享考察的收获和体会。大学生通过亲自调查，能够切实体会到革命志士的爱国精神和满腔热血，能够客观看待和积极分析社会主义的阻力和难题，不断提高大学生对践行中国特色社会主义理想信念的热情。

2. 让学生参与各类组织，提高认识　重视党团组织、学生社团等建设，将各类组织作为桥梁，科学分配教学资源，注重对学生各类文体活动的科学引导，组织一些受学生认可的健康文明的文化活动，将理想信念教育的相关内容无形中融合到文化建设过程中，使大学生在耳濡目染中健全世界观、人生观和价值观，提高道德素养，坚定理想信念。

各类学生社团是我国校园文化建设的重要载体，是我国高校第二课堂的引领者，以其思想性、艺术性、知识性、趣味性和多样性吸引广大学生积极参与其中。高校社团不但充实了大学生的日常生活，给大学生提供一个施展个人才能、体现自身价值的机会，增加其团结协作能力，更能让大学生走向社会，建立沟通联络的渠道。学生社团在开展各类活动中，应以马克思主义为指导，在社会主义核心价值观的引导下，通过开展征文比赛、演讲比赛、学术论坛、文艺演出等方式，使大学生在校园文化活动中陶冶情操，提高文化素养。

3. 让学生走出课堂，无私奉献　志愿服务是大学生第二课堂的重要组成部分，它把服务他人、服务社会与实现个人价值有机结合起来，不求回报。为改善社会、促进社会进步自愿付出个人的时间和精力，不仅可以陶冶情操、提升境界，还可以培养大公无私、乐于奉献的责任感。大学生的志愿服务活动包括"三下乡"、边远山区支教等深入社会基层，将自己所学知识传递给当地的老百姓，体验当地群众的生活，在实践中磨炼自己，在实践中领悟我们的理想信念教育，坚定马克思主义信仰观和共产主义理想信念，把共产主义理想信念内化于心、外化于行。

（四）联系理论成果，增强教育内容的时效性

理论是行为的先导，坚持和发展中国特色社会主义，在增强理论自信中推动事业的

发展,必须坚持理论和实践相统一。实践不断发展,也要求党的理论研究成果要不断创新,而高校对大学生的理想信念教育要随着时代的发展而不断更新自己的教育内容,才可以让大学生紧跟时代步伐,树立正确的世界观、人生观和价值观。因此,必须及时将党的创新理论研究成果纳入高校的理想信念教育内容,增强大学生理想信念教育的时效性。

1. 加强新时代中国特色社会主义共同理想信念教育　　在马克思主义中国化的历史进程中,每一次飞跃都是理论与实践紧密结合而产生的智慧结晶。中国特色社会主义理论体系是时代发展的产物,获得了改革开放以来中国取得伟大胜利的实践印证,其内容宏大,视野广阔,结合国际国内环境,从我国基本国情出发为国家的发展指明了正确的道路和方向。中国特色社会主义共同理想既体现了历史观和价值观的统一,也体现了人类发展的普遍规律和民族发展道路的统一。只有坚持这个理想,中国才可以走自己的路,探索适合自己发展的模式。在不同的历史阶段,中国共产党用共同的理想信念凝聚起全民族的力量,取得了革命、建设和改革的一个又一个胜利。

中国的改革和发展已经进入了一个新的时代,也是一个关键的阶段,当前的社会变革,给我们带来了机会,也给我们带来各种矛盾和问题。一些大学生诚信缺失、道德失范,对社会主义的优势存在各种质疑甚至出现唱衰的现象,这些都与大学生的理想信念淡化和缺失有着紧密的联系。新时代加强大学生的理想信念教育,必须对大学生开展共同理想的教育。结合我国改革开放取得的巨大成就对大学生进行中国特色社会主义理论体系的梳理和讲解,让学生切实将个人的发展和国家的繁荣昌盛、中华民族的伟大复兴紧密结合起来,从而增强自己的历史使命感和时代感,以坚定的信念为实现中国特色社会主义的共同理想而奋斗。

2. 加强新时代中国特色社会主义核心价值观教育　　新时代要加强大学生理想信念教育,必须继续坚持和促进对大学生进行社会主义核心价值观教育。社会主义核心价值观是凝聚社会共识的最大"价值公约数",是当代中国的兴国之魂。大学生作为个体的人,需要有一个核心的价值追求,不然容易陷入迷茫,失去奋斗目标。青年的价值取向决定了未来整个社会的价值取向,而青年又处在价值观形成和确立的时期,抓好这一时期的价值观养成十分重要。

在国家层面,我们党要带领人民为建设富强、民主、文明、和谐的国家而努力奋斗;在社会层面,我们党要带领人民努力建设自由、平等、公正、法治的社会;在社会主义现代化建设进程中,我们党倡导公民个人要努力践行爱国、敬业、诚信、友善的行为准则。社会主义核心价值观不仅容纳了宏观价值目标,也为中华儿女个人的发展规范了行为准则。新时代,我们要实现"第二个百年奋斗目标",实现中华民族的伟大复兴,必须对大学生开展培育和践行社会主义核心价值观的任务和活动。大学生的理想信念教育要让大学生对社会主义核心价值观的内容入脑入心,在教育中感知、领悟核心价值观的深刻内涵,从而可以自觉地内化于心、外化于行。

3. 加强习近平新时代中国特色社会主义思想教育　针对发展中遇到的各种矛盾和现实问题,党中央作出了一系列的重要论述,形成了旗帜鲜明、目标明确的习近平新时代中国特色社会主义思想。习近平新时代中国特色社会主义思想,是党和人民实践经验和集体智慧的结晶,是中国特色社会主义理论体系的重要组成部分。它明确了新时代坚持和发展中国特色社会主义的道路和方向,指明了实现社会主义现代化强国的"两步走战略",指出了我国社会主要矛盾已经转变为人民日益增长的美好生活需要和不平衡不充分的发展之间的矛盾,并确立了我国发展中国特色社会主义的总任务是实现现代化和中华民族的伟大复兴。

开展大学生理想信念教育,就必须让大学生认清当前我国的形势,明确中国特色社会主义发展的道路和方向,以及国家发展中需要面对和亟待解决的问题,特别是让大学生认识到如何正确处理好当前的全面深化改革与经济社会发展同社会整体和谐稳定的关系,明确三者之间的辩证关系,进而深刻领会习近平新时代中国特色社会主义思想的深刻内涵。需要着重向大学生讲清楚"四个全面"重要战略布局的思想,这关系到中华民族伟大复兴的中国梦关键任务能否顺利实现,也有助于大学生明确理想、坚定信念、脚踏实地、一往无前。

二、创新大学生理想信念教育的方式

教育方式对于提高大学生理想信念教育的实效性至关重要,要把马克思主义理论用最简单质朴的语言讲清楚、用群众喜闻乐见的方式说明白,使之更好地为广大党员和人民大众所理解、所接受。社会环境复杂多样,变幻莫测,坚定大学生的理想信念使其追随主流而不是随波逐流,就必须转变落后的教育方式,创新教育方式方法,用"喜闻乐见""简单质朴"的教育方式将深奥的内容转化为质朴的道理,让理想信念转化成大学生持之以恒的行动力量。

(一) 转变单向灌输,倡导双重主体模式

思想政治理论课作为理想信念教育的主阵地,能否把共产主义理想信念教育中的基本理论、基本知识、基本观点内化为大学生的世界观、人生观、价值观,很大程度上取决于它的教学方法。传统的灌输法是教育者有目的、有计划、有组织、循序渐进地通过讲解和论证等手段向学生系统地传授马克思主义、共产主义理论体系等内容的方法。教师要以科学的态度认识灌输法,不能将其看成一成不变、固定僵化的手段,要在教学实践过程中使灌输法与时俱进,增强其有效性。

1. 从单向灌输式教育转向双向交流　所谓从单向灌输向双向交流转变,是指教育者为了实现思想政治教育的目标和要求,从过去以教育者为主导,系统地向受教育者传授思想政治教育的内容转变为与受教育者进行平等交流、共同讨论的教育方式。

双向交流就是要通过双方平等地讨论、交谈、对话等加强双方的思想交流和信息沟通,加深双方的情感融合,增进双方的互信和理解,使教育者发挥引领作用,促使大学生主动接受教育。同时,社会物质财富的快速发展和科技的迅猛发展为教育者和大学生之间提供了便利的物质条件和技术条件,使双方的沟通和交流变得更加便捷和密切。比如,随着互联网的发展,高校教育者和学生不仅可以通过电子邮件、微博、微信和手机短信等方式沟通和交流,而且可以极大地提高双方沟通和交流的频率和效率,增强了理想信念教育的实效性。

2. 发挥教师和学生的双主体作用　"教"与"学"是辩证统一的过程,教师与学生作为主体是有意识、有实践能力的人,教师是教的主体,学生是学的主体,两种主体的作用是相对的,也是能够相互转化的。实施双主体的教育模式,是指以发挥教师主体意识与主导作用为前提,着力构建全方位的学习主体,使教师主体和学生主体在相互合作、协调互动中求得共同发展。

要提高大学生的理想信念教育的作用,教师应采用引导式、激励式的教学方法,引入全方位、开放式的教育模式,与大学生建立交流与合作的互动过程,开创新的工作思路,打造丰富立体的教育目标与内容体系。教育方法和手段注重开放务实,不断探索出符合传播规律的高等学校理想教育双主体工作模式。

(二)转变重要理论,倡导实践育人模式

理想信念教育只有有效转化为实践的理想信念教育才能发挥出应有的效力,不然再好的理想信念教育也只是纸上谈兵。新时代的大学生思想活跃,接受新事物的能力强,他们更善于用新的教育方式和方法获取知识,相对于传统的授课方式,大学生更喜欢、更容易接受实践教育活动。因此,大学生的理想信念教育要运用灵活多样的教育途径,采用新的适合大学生身心特点的有效载体,积极搭建实践教育平台,开展课内外、校内外的实践教育活动。

1. 理论渗透课内实践教学　课内实践教学,就是在教师的主导下,以学生为主体,参与整个课堂教学过程的方法。教师根据教学内容和社会时事热点,设计符合学生思想特点和实际需求的问题,让学生通过查阅资料、独立思考、归纳总结,形成自己的理论观点,然后在课堂上组织讨论,让学生走上讲台成为教学活动的主角,发挥自己的主体性作用。教师则转化为幕后工作者,为学生提供和创造各种课堂活动的条件,通过对教学内容体系和疑难点、热点问题的介绍提示,对课堂讨论和学习内容的总结,强化学生对知识的理解,矫正学生的思想偏差,引导学生形成正确的观点,完成教学任务。这种教学模式,有利于发挥学生的主观能动性,让学生从被动的接受者转为主动的钻研者,让大学生充分地、正确全面地认识问题,从而深刻体会到自己的社会责任,坚定自己的理想信念。

高校在进行课内实践活动时,可以举办一些座谈会,邀请社会中贡献突出的人和成就较高的专业人士,让全校师生都参与进来。另外,高校也可以举办辩论赛和演讲比赛活动等,让学生们思考大学生理想信念教育的内容。在活动过后,要让学生写下活动的心得体会,让学生总结自己获得的感悟和学到的内容,深入思考活动的意义,将活动的感悟升华到内心。此外,还可以让学生对传统文化知识进行学习,使他们了解社会主义核心价值观与党的历史传统,获得潜移默化的教育。

2. 丰富课外实践教育活动　　社会实践是新时代大学生理想信念教育的重要途径,大学生只有投入社会实践,才能深刻了解社会的真实情况,锤炼自己的品格意志,才能深化对党的路线方针政策的认识,才能树立中华民族伟大复兴的共同理想和信念。

大学生开展课外实践教育活动形式多样,既可以是个人单行,也可以是集体同行。如高校可以在校内提供勤工助学岗位,让大学生在校内体验生活,得到锻炼。高校也可以开展社会公益实践活动,组织学生参加与自身专业相符的社会调研,并完成社会实践调查报告。高校还可以以支农、支教等为主题,组织大学生集体参与到实践活动中去,到贫困地区参观、考察,一方面可以增强集体的凝聚力和荣誉感;另一方面又可以亲自体验生活,从内心坚定理想信念。高校可以在类似抗战胜利纪念日等特殊时间节点上,组织学生到革命圣地实地考察实践,体会老一辈革命家为了国家的利益而不惜牺牲自己生命的高尚情怀,铭记历史,珍惜当下,进而增强对崇高理想信念的向往和追求。

(三)转变以线下教育为主,倡导网络育人模式

随着新时代的发展,我们的理想信念教育面临着各种国际国内新问题的挑战。面对着大学生多样化的需求,要提高思想政治教育的实效性,必须与时俱进地创新我们理想信念教育的方式方法,丰富理想信念教育的手段。运用新媒体、新技术使工作活起来,推动思想政治工作传统优势同信息技术高度融合,增强时代感和吸引力。顺应时代潮流,立足于网络新媒体技术的发展,不断创新理想信念教育的方法是新时代理想信念教育者义不容辞的责任和使命。

1. 创新教育方法　　新媒体时代最大的特征就是信息开放、资源共享、传播速度快、信息量大等。对传统理想信念教育方法进行创新就是要改变以往以教育者为主、忽视受教育者主观能动性的传统教育模式,打破传统教学方法。着眼于开放共享的现状,充分利用体系融合、资源整合等形式来谋求理想信念教育的最大效能。既要继承好传统理想信念教育方法的精髓,又要把新媒体的各种优势充分吸收过来;既要善于利用新媒体学习先进的理论和经验,又要结合传统的理想信念教育方法来进行教育。

一方面,可以通过最大限度地运用新媒体中的海量信息,吸纳新媒体中的时尚前沿元素,借鉴新媒体中动漫视频、课件演示、音乐烘托等表现手法,使原本机械化、抽象化、单一化的理论宣传变得有声有色、多姿多彩;另一方面,也可以通过网络新媒体的作用,突破传统典型示范和榜样教育的局限性,在网络中进行最大程度的宣传和推广。可以通过搜索网络资讯、浏览微博更新、刷微信朋友圈让各种名人的先进事迹、曲折的成功道路时刻影响着受教育者。利用网络广泛的受众范围、先进的交流平台使得传统理想信念教育的方法得到继承与创新,从而达到教育效果事半功倍。

2. 创新网络教育形式　相对于依托单一平台、载体的传统教育模式,处于新时代下的新媒体拥有着丰富且无处不在的载体形式。新媒体时代基于数字、网络、移动通信等方面的技术优势,不仅集文字、图像、声音、视频于一体,而且将传统思想政治教育的载体,如广播、电视、报纸等融为一身。它具有传统教育方法所不具有的受众范围广、教育效率高和获取渠道多的优势。

另外,多样化的网络新软件已经进入人们的生活,当下最流行的社交软件是微博和微信。大学生已经普遍应用这些软件,在软件中抒发情感、分享生活。高校要对这些软件的信息传递与教育功能进行充分利用,总结学生关注较多的信息与内容,对这些内容进行舆论导向,潜移默化地对学生进行理想信念教育。

基于互联网的开放性,高校在充分利用网络新媒体进行理想信念教育的同时,也应该加强网络监督,优化网络教育环境,充分保证理想信念教育的效力。

三、完善大学生理想信念教育制度

理想信念教育是一项长期性但效果并不能立即检验的工作,高校在进行理想信念教育的过程中要注重规划,以目标为导向,确保教育活动和工作的顺利展开。理想信念教育运行的制度化体系,即规范理想信念教育本身的制度系统,具体是指理想信念教育活动制定、实施、评估、总结等各个环节的制度化体系规范。理想信念教育制度化体系的运行机制经过实践证明是有效的,通过总结归纳上升到一定的理论高度,并有相应的规章制度保障的理想信念教育方式和方法。

为扎实完成高校大学生理想信念教育体系制度化,切实提高高校大学生理想信念教育的实效,教育者需要紧紧围绕完善大学生理想信念教育制度化的领导机制、保障制度、考核评价制度等三个方面来完善高校大学生理想信念教育的制度,确保理想信念教育有效运行。

(一)加强组织领导

1. 转变思想观念　高校领导的管理理念和教育思想往往对大学生理想信念教育起

着直接的影响作用。因此,要发挥大学生理想信念教育的重要作用,就需要高校领导层更新观念,从根本上认识到大学生理想信念教育制度对大学生理想信念教育的意义,意识到制度的重要性,增强制度的权威性。

随着高校扩招,各个高校办学压力随之增大,大学生理想信念教育被视为一项"软工作",高校对大学生理想信念教育的认识有所懈怠。高校领导往往把焦点放在容易出成效的人才、学科、项目等所谓的"大"事之上,对不易评估成效的高校理想信念教育工作大而化小、小而化无。如没有严格落实中央规定的辅导员与学生的配备比例,政工干部的待遇以及职称考评等方面建设落后等。

只有领导层改变观念,才会有一系列行动的改变,也会带动高校其他部门对于大学生理想信念教育制度的重视。真正意识到制度重要作用之后,才有可能去制定切实合理的实施方案,并坚持在各级党组织的领导下,依靠高校各职能部门的通力配合,利用好一切校内外理想信念教育资源,服务于高校大学生理想信念教育工作。

2. 完善管理制度　　校内领导应当步调一致,相互配合,共同管理高校的事务,构建完善的管理体系,明确管理目标,采用高效的管理方法,加强学生的思政教育工作,保障学校思政教学的顺利开展,为学生提供优越的学习环境。

对于各所高校而言,思政教育应当得到重视,高校应当按照教育部颁发的总纲领,确立相应的思政教学目标并且积极开展思政活动。目标的确立可以是一个循序渐进的过程,从小目标的确立再到大目标的确立,不同阶段完成不同的教学目标,教学目标的划分应当结合学生实际情况,切实从学生的角度出发,确立科学的教育目标。

(二)完善培训机制

教育培训是建设高素质教师队伍的先导性、基础性、战略性工程,在进行理想信念教育的过程中,不断完善培训机制,提升教师队伍水平,从而增强理想信念教育效果。同时,充足的经费保障能够使理想信念教育各项活动开展得更丰富、更有效、更有针对性。

1. 增强人员保障　　加强师资培训是提高大学生理想信念教育教学水平的一个非常关键的环节。因此,各高校应该将大学生理想信念工作队伍的培养,纳入学校人才培养计划。在培训内容上,可聘请具有高业务水平的培训专家、学者,全面系统讲解马克思列宁主义等相关理论内容。

在培训形式上,可以通过举办各类培训班、专题讲习班、脱产进修、社会考察、学术交流等形式,提升培训效果。在"互联网+"时代,要提升培训效果,就要打造微型学习平台,促进线下培训与线上学习相融合。微型学习平台的构建将改变传统培训的状态,打造"线下培训为主,线上学习为辅"的模式,塑造非正式学习、自主学习、共同提升的培训文化,改变只在培训时间内才被动接受学习的状态,督促理想信念教育队伍的成员只要有闲暇时间就可开展自主学习，不受时间、地域的限制，促进他们改变被动学习的态度，激发主动学习的热情。还可以构建由组织部门、宣传部门、学工部门负责的多层次、多渠道、立体化的培训网络和培训格局。

2. 增强物质保障　当前高校理想信念教育的经费普遍不足，经费是开展工作的重要支撑，在没有经费支持的情况下，与理想信念教育相关的很多工作就无法开展。高校应完善理想信念教育的经费保障机制，制定样表，全面分析各个学院理想信念教育大致需要的各类经费，由各个学院相关负责人填表制定理想信念教育计划，明确每个学期的经费预算。通过经费预算可以了解理想信念教育的开展状况。在预算编制这个环节上，可以根据实际情况，按照年度或学期进行资金预算，确保每个学年都有充足的经费保障。在经费保障机制的基础上，要求每个学院将每一笔经费的用途、去向做好统计，确保经费用在理想信念教育上，避免经费被浪费。如果预算的经费不足，要有补充申请机制，但补充申请需要严格把关，避免超支现象发生。

经费是开展理想信念教育的物质保障，只有完善经费保障机制，为理想信念教育提供经费投入，才能为队伍建设、工作机制的运行、项目研究等提供物质保障。经费问题的解决，除了高校本身，还可努力争取社会资源，如开展外联活动、与其他部门一起合作、借助社会财力资源开展理想信念教育工作。

（三）完善考核评价体系

理想信念教育考核评价体系是否完备与合理，很大程度上影响着学生的学习积极性和教师的教学积极性，直接影响教育效果和教育质量。因此，要建立完整的评价体系和科学的评价指标，以提高理想信念教育的质量。

对教职员工的教学评价，要从岗位任务出发，并对岗位承担的工作职责、工作的难易度和强度、岗位需要的资格条件等因素进行评价。在评价过程中对教学工作进行量化比较，对思政教师、辅导员、心理辅导教师的付出、为理想信念教育作出的贡献、岗位在理想信念教育中发挥的作用大小等进行评价，得出的评价结果与工资报酬、评奖评优、职称评定等挂钩。

对学生的评价，教师可从多个角度、多个层面着手，分别对思想政治水平、心理素质、理想信念、兴趣发展等方面进行多元化的综合评价，以判定理想信念教育对学生产生的影响。

首先，可以通过恰当的方式了解大学生对中国特色社会主义理论一脉相承的系统与马克思主义经典理论系统的把握程度，了解大学生运用马克思主义科学世界观和方法论解决现实问题的能力储备等。理论是实践的先导，大学生掌握理论知识的程度，是评价理想信念教育成效的重要依据。

其次，评价大学生是否坚定理想信念，不能光看其理论知识掌握情况，更多的还要看其实际行动。可以通过观察其是否言行一致,是否实实在在遵循科学发展观,是否坚持公平公正,是否在困难时期、关键时刻经得起考验。细微之处见精神,实际行为表现往往能成为大学生是否坚定理想信念的试金石,是评价其理想信念状况和理想信念教育成效的重要依据。

第三章　大学生日常思想政治工作与思想政治理论课的融合路径

第一节　日常思想政治工作与思想政治理论课的关系

一、日常思想政治工作——大学生思想政治教育主阵地

大学生思想政治教育的主阵地是指对大学生的日常思想政治教育,即日常思想政治教育工作。日常思想政治教育工作是相对于大学生思想政治教育的主渠道——思想政治理论课而言的,它是指与大学生日常生活紧密相连的思想政治教育工作。

大学生思想政治教育的主阵地——日常思想政治教育工作,应当具有独特的教育内容与方法,有不同于思想政治理论课的工作理论和实践内容。

从内容上看,日常思想政治教育工作是以大学生行为养成为支点的道德教育。新时期,大学生思想政治教育的主要内容立足于用社会主义核心价值体系塑造人、培育人。作为主渠道的思想政治理论课,着力于理想、信念、世界观、人生观、价值观的"做人"教育;而作为主阵地的日常思想政治教育工作,则更多偏重刻苦学习、报效祖国、关心集体、关爱他人、身心健康、遵纪守法、知荣明耻、文明礼貌这样的"成才"教育。日常思想政治教育工作不追求构建面面俱到的逻辑体系,而立足于类似"润物细无声"的晓之以理、动之以情的日常具体工作,通过普通生活来潜移默化地培养大学生良好的人格品德,使其养成文明的行为举止、自律的价值规范、健康的生活习惯。

从形式上看,日常的思政教育主要围绕学生的精神情感展开,更倾向于开展形式多样的校园活动。对于大学生而言,日常活动均在课堂以外,课外时间可以由学生自由分配,学生可以彰显自己的个性、发挥各自的特长,这就使日常活动变得丰富多彩。通常情况下,我们将政治思想学习、社会实践、党员团员活动、心理辅导等均视为日常活动的一

部分,不同活动采用的教学方法也有所不同,教师可以采用说服教育、个性化指导等方式引导学生,还可以采用内心感化、环境影响等方式,从而让每一位学生都能够找到属于自己的课外活动,在活动中绽放光彩。

从效果上看,日常思想政治教育工作是以大学生个性需求为亮点的人格教育。大学生作为知识群体,对其进行的思想教育既要有一般思想教育的共性,也要有反映其个人认知、情感、心理和取向等方面的特性。大学生在日常生活中往往表现为情感细腻多变、容易多愁善感、内心渴求与人交往、承受挫折的能力弱,等等。高校的思想政治教师只有从学生个人的想法、个性和需求入手,尽可能给予其帮助,以心换心,坦诚相待,才能赢得学生的尊重,才能使思想政治教育深入人心,引起学生心底的共鸣和震动,达到潜移默化的教育效果。可以说,我们强调的日常思想政治教育工作在本质上可以看成一种学生行为养成教育和人格塑造教育,主要任务是及时发现和解决学生在思想、情感、学习和生活等方面存在的问题,保证学生学习任务的顺利完成和身心的健康成长。

二、思想政治理论课——大学生思想政治教育主渠道

(一)思想政治理论课的教学方法

在改革建设高校思想政治理论课程中,教育教学方法是主要的环节。高校思想政治理论课的教育教学方法在中华人民共和国成立后,有了一系列改革,收获颇丰。在新的环境与形势下,应充分调动学生的学习主动性和积极性,同时,要改善学校的思想政治理论课的教学,提升教学的说服力和吸引力。对于高校思想政治理论课教育教学方法,还需要进行深入强化,同时也要不断研究,另外也要合理选择科学的教育教学方法,并加以应用。

在思想政治理论课教学过程中,高校的思想政治理论教学方法是主要要素之一,能够完成推动课程教学任务。对高校思想政治理论课教学方法的研究,需要建立在足够了解其特征、内涵的基础上,同时还要明确其在思想政治理论课教学过程中的作用。

教学方法是指在一定教学观念指导下,为了实现预期的教育目标和完成教学任务要求,教师与学生在教学活动中所采取的一系列行为方式、途径、程序、手段和技术的总和。教学方法体现了特定的教育和教学的价值观念,服务于特定的教学目的和教学任务要求,并受到特定的教学内容的制约。它是师生双方共同完成教学活动内容的手段,也是师生之间相互联系和作用的活动方式。教学方法是教学活动中师生双方行为体系,包括教师教的方法和学生学的方法两个方面,是教授方法与学习方法的统一。教学方法具有相对性、针对性、综合性和多样性等特点。

高校思政理论教学不仅要掌握科学、合理的教学方法,还要重视教学目标、教学内容

等。教学方法虽然是思政教学活动开展的重要组成部分,但是没有明确的教学目标、完善的教学内容,再好的方法也是枉然。因此,教师在教学之前,应当根据教学纲领选取适合学生的教学内容、教学方法,具体内容如下。

(1)引导和帮助大学生树立正确世界观、人生观、价值观,确立为实现中华民族伟大复兴中国梦而奋斗的政治方向,是高校思想政治理论课的根本目的和主要任务。高校思想政治理论课的教学方法必须明确指向这一教学活动的总目标,为实现预期的教学目的和任务服务。

(2)思政教学所采用的一系列教学方法应当满足课程设计的需求,此外还受到教学内容的限制。就目前情况而言,绝大多数本科院校会开设六门思政课程,分别是"马克思主义基本原理""思想道德与法治""毛泽东思想和中国特色社会主义理论体系概论""中国近代史纲要""形势与政策""习近平新时代中国特色社会主义思想概论"。六门课程所囊括的内容有所交叉重合,但主要内容却存在一定的差异,不同课程的教学要求、教学目标也会有所不同,这就使得教学方法并不唯一。

(3)教学方法并不是由教师一人所确定的,而是在与学生的沟通、交流、互动过程中形成的,教学方法的确立必须结合学生的实际情况,根据学生的学习状态、水平,采用适合学生的教育方案。

值得一提的是,思政教学的方法与硬件设施、教学环境也有千丝万缕的联系。

1. 思想政治理论课教学方法的特性　作为一种教学活动,高校思想政治理论课教学与其他学科的教学一样,在教学方法上有着共同性。但是,从思想政治理论课教学的性质、地位、目标、内容以及所依托的学科等角度看,其教学方法又有着与其他学科教学不同的特征。主要表现为以下方面。

(1)方向性与原则性。高校思政课程的特殊性决定了其教学方法、教学的方向性和原则性都显得格外重要。高校思政课程是每一名大学生的必修课,课程的开设应当严格遵守国家的教育教学方针。明确思政教学的重要意义以及地位,对于教学方法的思考和选择具有重要意义:它要求思想政治理论课教师必须明确教学任务和目标方向,从单纯地进行知识传授的教学思路中走出来,坚决克服主观盲目性和随意性,站在"培养什么人""怎样培养人"以及"为谁培养人"的政治高度,在思想政治理论课教学原则指导下,围绕思想政治理论课的教学内容,针对教学对象的心理特点和思想实际,探索和研究科学的教学方法,以服务于高校思想政治理论课的教学目的,保证大学生成长成才的正确方向。

(2)时代性与启发性。高校思政教学应当顺应时代的发展,能够带给学生一定的启发。教学方法的时代性和启发性对于教学而言十分重要,思政教学课程是学生能够掌握时事政治、提高政治素养的绝佳机会,也是培养学生思想道德修养的主要途径。这就要求思政教学的内容具有一定的先进性,能够不断纳入新思想、新方法、新理念,满足时代发展的需要,突出时代特点,加强理论与实践相结合,切实提高学生的思政水平。从教学目标的角度看,高校思想政治理论课教学不仅要重视对大学生进行系统的教育,帮助学生掌握中国特色社会主义理论的科学体系和基本观点,更要强调发挥学生的学习积极性和主动性,促进理论知识向素质能力的转化和知与行相统一,指导学生能够运用正确的世界观和方法论去认识和分析现实问题。教育的任务在于塑造学生的世界观,并要求教学不仅促进知识的储藏量的增加,而且促进人的信念的形成,这就要求思想政治理论课坚持开拓创新,积极改革教学形式和方法,不断增强思想政治理论课教学的说服力和感染力,善于启发学生,从而使学生坚定信念。

（3）针对性与多样性。高校思政教育是一个相对系统、完善的体系。思政课程的开设需要依赖众多学科分支,这就使得思政课教学方法逐步趋于多元化,且针对性更强。对于其他学科而言,一般会有课程研究的对象和教学对象,二者相互影响、相互渗透,构成了一个有机整体。高校思政课程将科学性、政治性、实践性完美融合,综合性很强,在培养学生思想道德修养、政治素养的同时,还培养学生的综合素养。让学生成为德智体美劳共同发展的新时代青年,这不仅遵循了使大学生树立正确的人生观的价值要求,还突出体现了教学对象与研究对象的重要性。大学生不仅是思政课程的学习者,还是思政内容的传播者和践行者,因此只有满足学生的需求,课程效果才能得到保证。同时,高校思想政治理论课又是一门理论性和知识性较强的综合性学科,它不仅以科学的世界观、方法论来分析和回答问题,而且综合运用伦理学、政治学、经济学、历史学、心理学、教育学、法学、美学等多学科知识,并吸收和借鉴古今中外人类社会文明成果,使理论教育与文化知识融为一体。高校思想政治理论课的这一特性,决定了它不是仅靠单一的教学方法即可奏效的,而必须善于借鉴和采纳多学科的教学方法。

此外,随着科学技术的飞速发展和国际国内形势的变化,以及教学环境和条件的改善和优化,高校思想政治理论课教学方法在新情况面前绝不能故步自封、墨守成规,而必须在继承和发扬传统教学方法优势的同时,与时俱进、不断创新。

2. 思想政治理论课教学方法的作用　　任何一项教学活动,当其目标、任务及内容确定之后,就必须有富有成效的教学方法。否则,完成教学任务、实现教学目的就无从谈起。没有方法的教学活动是不存在的,教学质量的高低也与教学方法有着密切的关系。对于高校思想政治理论课而言,教学方法承担着传播正确科学世界观、人生观、价值观、实现思想政治理论课教学目标的任务和使命。其作用和意义可具体概括为以下方面。

（1）教学方法是实现思想政治理论课教学目的的重要手段。人之所以和动物不同,就是因为人能够制造并使用工具,这主要体现在人能够进行独立地思考并发挥主观能动性,活动均具有一定的意识。人还能够根据当前的实际情况,选择合适的方法,获取想要的信息,最终达到目标。

（2）教学方法是思想政治理论课教学过程中师生互动的重要纽带。思想政治理论课教学作为对大学生进行思想政治教育的主渠道,它的正常运行和有效开展,是以教师和学生之间良性协调的互动为基础的。换言之,思想政治理论课教学的过程就是师生之间在民主、平等、和谐的课堂氛围中相互联系、相互作用的过程。在教学内容确定的前提下,教学方法就是师生双方互动的中介因素。而双方互动的效果如何,在很大程度上取决于教师对教学方法的选择和运用是否得当和有效,取决于是否充分发挥学生学习的主体作用、调动学生学习的积极性和主动性。学生的学习动机来自贴近实际的教学内容和有吸引力的教学方法;而教学的艺术不在于单纯地传授知识和本领,而在于唤醒学生的学习自觉、激发学生的独立思考。由此可见,教学方法是高校思想政治理论课教学过程的一个基本要素,也是这一过程最终达到师生良性互动、取得教学实效的重要纽带和保证条件。

(3)教学方法是思想政治理论课"培养怎样的人、如何培养人和为谁培养人"的重要体现。教学方法的选择和应用反映着教师的教育思想、教学信念、人格修养,以及对课程教学目的和内容的深刻理解与把握。

一方面,教学方法是教学思想在教学活动中的具体贯彻。有怎样的教学思想和理念,就会产生怎样的教学行为和方法;而不同的教学行为和方法以及由此折射出的教师对于教学目的的不同理解,所产生的教学效果和质量也不同。如果教师总是以自我为中心,忽略学生的体验与感受,那么教学效果会大打折扣。思政教学的主体是学生,教师绝不能采用注入式的教学方法,而应该注重学生的学习体验,鼓励学生进行自主学习,引导学生掌握完善的思政理论体系,教学活动要始终以学生为中心,培养学生坚定的政治信念。

另一方面,教学方法在一定程度上还能够反映教师的教学水平和思想道德修养,思想觉悟、职业道德修养较高的教师往往会对思政内容进行深入分析,敢于创新,勇于探索,在教学的过程中,能够成为学生学习的榜样,进而影响身边的每一位学生。

(二)思想政治理论课的实践教学组织

1.高校思想政治理论课的校园实践教学组织

(1)学生社团组织

1)学生社团为思想政治理论课实践教学提供了舞台。大学生社团是由学生自愿形成的群体性组织,成员之间有着共同的爱好和志趣,有固定活动范围的名称。学生的爱好及兴趣是学生社团的基础,其目的是锻炼学生的实践能力,促进学生学习,这种社团能够突破专业以及年级的限制,将活动作为联系的纽带,让学生在课堂以及寝室之外另行开辟一个活动的空间,这种学生社团能够对学生的成长产生积极影响。学生社团的信息传播的对象较多,且传播速度非常快。学生们因为有共同的爱好、兴趣与理想而聚集在一起,向心力和凝聚力很容易在社团内部产生,对学生团队精神的培养十分有利。每个社团都有自己的管理条例与章程,还有明确的活动计划,每个部门也会明确自己的职责。社团活动有着多种多样的方式,而且不会受到时间与空间的限制,比如组织公益活动、社会实践、召开座谈会、社会调查、开展辩论、线上交流等,这实际上是一种无形的教育平台,大学生可以在广阔的舞台上接受形式多样的思想教育。

2)学生社团在思想政治理论课实践教学中的重要作用。

第一,在大学生思想政治理论课实践教学中可以将学生社团作为重要的阵地。各高校不仅应当通过课堂教育开展思想政治理论课实践教学,更重要的是应通过实践性教育来开展思想政治理论课实践教学活动。学生在思想政治理论课堂中遇到的一些难懂的问题,可以在实践活动中做进一步的理解。学生社团有突出的特点,比如,有广泛的影响力,内容较为直接,参与者全部出于自愿,活动方式多种多样,活动效果较为明显等,受到了大学生的广泛认可,而且在大学生的成长过程中发挥着越来越重要的作用。学生可以突破专业、院系、班级的限制,通过社团聚集在一起,这对提升他们社交能力大有裨益,而且还能通过参与活动受到社会和集体教育,增强民族自豪感和爱国情怀,坚定社会主义的自信心。社团活动能够在良好的校风、学风的建立过程中发挥积极的作用,促进学校和师生继承优秀的文化传统,提升自身的综合素质,营造浓郁的校园文化氛围。

第二,思想政治理论课教师要推行的多个实践教学环节都可以通过学生社团来承载。思想政治理论课实践教学活动的效率会因学生社团的参与而提高,特别是能够很好解决高校思想政治理论课师资力量不足的问题。此外,学生可以帮助教师完成思想政治理论课的实践教学并从中获益匪浅。社团活动能够帮助大学生完善自我,实现自我,社团成员之间通过共同参与活动,增加相互之间的沟通与交流,取长补短,相互学习,共同进步,提高大学生的团队协调能力,对身心的健康发展产生积极的作用,这些益处是思想政治理论课课堂教学中无法获得的,只能在实践过程中才能提升大学生的科学文化素质与思想道德水平,这也是对思想政治理论课实践教学时效性的保证。

3)加强学生社团组织在思想政治理论课实践教学中的作用。

第一,思想政治理论课教师应加强对学生社团活动的指导。与负责学生社团相关事务的教师相比,思想政治理论课教师有着更扎实的理论基础,也能更加敏感和准确地把握时政信息,因此他们在理论与实践相结合的过程中更具优势。有了教师的参与后,社团建设中的一些科研项目可以被分解成一个个的子课题,成为学生社团中的实践环节,由学生社团的成员开展调研,引导大学生将目光投向国家和社会。教师还能够通过参与社团活动更多地了解学生的思想动态,让思想政治理论教学获取更多有用的辅助信息。

第二,将思想政治理论课实践教学内容与学生社团活动的内容相结合。学生社团应当选择一些与思想政治理论课实践教学相关的形式和内容,让活动内容的思想性、政治性及教育性更加突出。思想政治理论课的教师应当积极尝试将学生社团活动与思想政治理论课的实践教学结合,以社团活动的方式来开展思想政治理论课实践教学,将社会的焦点问题融入思想政治理论课实践教学内容中,引导学生自主实践,采用调研、讨论等灵活多样的方法,比如参加一些纪念地,调查中华人民共和国成立以来人们生活上的变化,开展一定主题的辩论赛等,调动学生参与学习的积极性与主动性,体现思想政治理论课实践教学的感染力与吸引力。

第三,将对学生社团的考评纳入思想政治理论课成绩的考核体系中。学生社团对成员的考评标准主要集中在活动中的表现、出勤情况等,社团成员的得分情况在每学期的期末可以集中量化,而如果将学生社团的考评分数按一定比例加入思想政治理论课的考核中来,不仅能够令思想政治理论课的考核方式更加优化,还能进一步提升学生的实践能力和思想道德素质。

第四,做好学生社团的组织和建设工作。①大力培养社团工作的骨干,当确定了社团干部后,要组织这些干部学习,进一步提升这些干部的政治觉悟,培养他们服务大局、把握全局的意识与能力。②对社团活动所需硬件条件给予更多投入。应为学生社团开展活动开辟场地,为社团工作建立专门的经费,根据社团的不同阶段,有侧重地安排经费方面的支持,让社团工作经费体系与社团发展相适应;要想扩大社团的知名度,必须进行大力宣传,通过开展专题宣传来提升社团在学生中的知名度,其中,最常用的一种方法是招新。还要建设一批精品社团,要优先发展一批具有良好发展前景的学生社团。对一些发展前景好的社团,在建设前期就要面向成员开展思想政治理论的相关教育,并随着社团活动的开展调整教育内容和方式。

(2)校园文化活动组织。在思想政治理论课的实践教学过程中,校园文化活动是一个十分重要的平台,充分利用这个平台,除了能够对校园文化的发展进行促进,使其更加繁荣之外,对于思想政治理论课的实践教学的有效性也具有极大的推动和促进作用。

1)校园文化活动组织是思想政治理论课实践教学的重要载体。校园文化主要依靠的空间就是校园,参与主体既包括学生,也包括老师,它作为一种群体文化具有极强的时代特征,将精神文化、制度文化、物质文化、行为文化统一到一起,核心是精神文化。思想政治教育工作和校园文化活动之间是互相交织在一起的,互相促进,互相影响,其一,要想发展校园文化活动,必须有引领,即社会主义核心价值体系;其二,思想政治教育的开展需要以校园文化活动作为途径和载体。

虽然校园文化活动是思想政治教育工作的主要渠道,但目前思想政治理论课的教学和校园文化活动之间并没有能够有机结合,无法充分发挥其作用,这在思想政治教育工作过程中,可以说是一个极大的遗憾。这与很多因素有关,有主观,也有客观的。其中的主观原因主要是在思想政治理论的实践教学方面,认识比较狭隘,甚至有一些老师和管理人员将思想政治理论课的实践教学和社会实践活动之间画上了等号,进而忽视了校园文化这一优秀的实践平台;而从客观上来看,主要是因为在管理方面二者互为独立,彼此分立。思想政治理论课的实践教学由思想政治理论课的教学部门来主管,而关于校园文化活动的开展则主要由学校的学生工作部门来负责。虽然这两个部门之间偶有合作,但是在绝大多数的时间里,二者之间都相对独立。所以,站在思想政治教育的效果方面来看,要想提升,就一定要将思想政治理论课的实践教学和校园文化的发展建设紧紧联系在一起,并进行有机结合,更深入地开展校园文化活动,并以此为依托,丰富、拓展思想政治理论课的实践教学。

2)校园文化活动组织是思想政治理论课校园实践教学的实践路径。以开展校园文化活动作为依托,开展相关的思想政治理论课的实践教学活动,对于思想政治理论课的实践教学来说具有重大影响,能够帮助其更好地创造、开拓新的领域和阵地。校园文化活动十分丰富精彩,以此为依托开展的思想政治理论课实践教学的开展也将变得更加全面、丰富。具体来说,思想政治理论课的校园实践教学以校园文化活动为依托开展,主要的路径有如下两种。

第一,竞赛类的实践活动,比如演讲比赛、大学生辩论赛等。对于大学生来说,主题演讲除了能够让大家感受到语言的魅力和震撼外,在心灵方面也会产生很大的震动,对升华思想也具有一定促进作用。而辩论这一活动更是能够从多方面锻炼学生,提升思辨能力,了解掌握更多知识,对团队精神进行培养的同时,还能对学生的思维表达能力进行一定锻炼。就目前的情况来看,大学生辩论赛在主题选取方面通常都和思想政治理论课的教学内容息息相关,不管是现实性的还是思辨性的,都是如此。积极参与到这样的活动当中,能使学生对重大理论问题的理解更加深入,同时对于思辨能力的提升也具有一定促进作用,能够培养提高他们的团队精神和创新能力。

第二,主题实践活动,比如主题班会、最佳党(团)日活动等。主题班会,其实就是一种班级教育活动,通常都以特定的主题为中心开展,借助于主题班会,使学生对相关问题的认识得到提升,明辨是非,帮助学生对正确的人生观、世界观进行树立,激发其历史责任感和使命感。而党(团)日活动的形式就更加丰富多样了。借助于这些活动,可以使大学生党(团)员,对自身的定位有更加清晰的了解,在争先创优中积极发挥先锋模范作用,保持自身的先进性和模范带头作用,加强和深化其社会主义信念。

2.高校思想政治理论课的社会实践组织

(1)社会调查实践教学组织。社会调查是人们有计划、有目的地运用一定的手段和方法,对有关社会事实进行资料收集整理和分析研究,进而做出描述、解释和提出对策的社会实践活动和认识活动。在思想政治理论课教学中实施以"指导学生开展社会调查,撰写调查报告"为主要内容的实践教学,符合思想政治理论课的教育目标。开展社会调查实践教学有助于学生形成主动探求知识、重视解决实践问题的积极学习方式;有助于加强对学生社会实践能力的培养,提高学生的社会实践能力;同时在培养学生的个性特长,挖掘学生的潜能,以及帮助学生在活动中感悟人生、增长才干等方面都具有非常重要的作用和意义。

1)社会调查实践教学的设计思路。社会调查研究包括六个部分,分别是调研方案与问卷的设计、项目准备、实地访问、数据统计分析、调研报告撰写、成果交流与成绩评定等。社会调查研究以学生为主体,以社会实践认知为主线,在任课教师指导下,以小组合作为主要活动方式,运用专题研讨形式作为成果展示的平台。学生在任课教师指导下,以所学理论知识为基础,通过社会调查研究,认识社会,了解社会,加深对党的路线方针政策的理解,提高思想水平,激发学习动力;同时,通过理论与实践相结合,巩固理论知识,提高实际工作能力。

第一,教师工作任务。①实践活动的整体设计与指导。根据教学大纲要求以及教学计划规定的教学时间,科学设定社会调查的环节与步骤;对学生在活动过程中遇到的各种问题给予认真解答。②活动组织。根据调查研究的题目进行科学分组,并根据教学进度合理确定每次社会调查的活动任务。③成绩评定。根据学生参与社会调查的实际情况及其研究成果进行成绩评定;结合小组等级评定完成对每个学生实践活动成绩的评价。

第二,学生工作任务。①领会实践活动要求。参与社会调查前,要认真学习社会调查研究的活动要求,领会实践活动的设计目的。②承担实践活动任务。掌握社会调查研究的相关知识,从理论准备到操作步骤,根据社会调查小组的任务分配,能够独立承担或配合其他小组成员圆满完成实践活动任务,并能够积极参与本小组成果展示。③成绩评定活动要求,在小组互评过程中,态度端正,认真倾听,并能够积极发言,客观公正地对其他小组的表现给予合理评价。

2)社会调查实践教学的方案设计。

第一,组织与管理。根据调查内容,教学过程中的社会调查每班学生按照10人一组,暑期调查每班按照5人一组的规模组成调查小组,每组选取组长1名,负责本组的各项组织协调工作。各班均有一名教师担任指导,以保证调查工作的顺利进行。根据调查方案,每组调研需要的人员安排具体配置如下。①参与人员:小组全体人员。②项目负责人:组长。③调查问卷与工具准备人员:1~2名。④调查人员:2~4名。⑤资料整理与数据分析人员:1~2名。⑥调查报告撰写人员:1~2名。

第二,调查程序。调查基本上可以分成四个阶段:准备、实施、研究、总结。①准备:通常可细分成三个部分,即对调研问题进行界定、对调研方案进行设计、对调研提纲或问卷进行设计。②实施:这个阶段主要依据调研的实际需求,对和调查活动相关的各类信息进行广泛收集,在这个过程中,调研人员可以采取不同的方式和形式。③研究:汇总、整理第二阶段中收集到的各类信息并对其归纳总结。④总结:通过调研报告等书面形式,对调研结果进行阐述,并对结果进行评估。

第三,时间安排。按调研的实施程序,可分为七个小项来对时间进行具体安排。①调研方案、问卷的设计:1天。②调研方案、问卷的修改、确认:半天。③项目准备阶段,人员培训、安排:半天。④实地访问阶段:1~2天。⑤数据统计分析阶段:1天。⑥调研报告撰写阶段:半天。⑦成果交流与成绩评定:半天。暑期调查的实施程序,各小组可根据时间自行进行具体安排。

第四,实施方法。①明确选题。各组根据自身情况,自行确定。②确定对象。学生根据选题确定调查对象的范围,"三农"类选题调查对象主要针对居住在农村的居民,城市和社区类选题调查对象主要为社区居民。③调查方法。通常我们在进行调查时都是将几种方式结合到一起的,比如访谈+问卷的形式。要一边做好问卷调查,同时也要进行访谈。问卷调查时,当面填答最好,如果不方便当面进行,通过网络或邮寄等形式进行问卷填答也是可以的。进行访谈既可以在对问卷填答之外单独进行非结构式访谈,即按照实际需求对问题进行自行设计,也可以采取结构式访谈形式,即借助于问卷进行的访谈。对于访谈的形式,可以根据实际情况选择,实地、网络、电话等都是可行的。

第五,注意事项。①深入群众,深入生活,坚持群众路线。②虚心向群众学习,谦虚谨慎。③养成刻苦勤奋的调查作风。④尊重被调查者的权益,不能损害被调查者的利益和名誉。

3)撰写社会调查的报告。调研结束后,学生在教师的指导下以小组为单位撰写完成调查报告。先拟定调查报告提纲(包括调查题目、调查基本情况、调查结果、解决建议),再通过对问卷调查结果和访谈资料的整理分析,最后完成调查报告撰写。

第一,调查报告是对调查活动过程的说明和总结,文体为陈述说明性和议论性相结合。

第二,调查报告是科学的,建立在实事求是的基础上,资料和数据必须真实。

第三,语言要严谨、简明;结构要清晰、完整;叙述要清楚、明白;结论要有理、有据。

第四,完整的调查报告内容应包括:基本情况(社会调查题目、参加时间、地点、方式、内容、过程)、发现的问题(分析问题)、解决建议(运用行政管理学理论去解决问题)。在调查中采用的方法必须附上相应的原始材料作为佐证,如问卷调查汇总统计结果、访谈提纲及访谈记录等。

第五,篇幅应不少于2000字,定稿的调查报告一律用A4纸打印。调查报告的统一打印格式要求包括:①题目(宋体、二号,加粗、居中)。②一级标题(宋体、三号、加粗)。③三级标题(宋体、四号)。④四级标题(宋体、四号)。⑤正文内容(宋体、小四号)。

4)社会调查实践教学的成果展示与评价。以社会调查小组为单位,以专题研讨的方式进行常规教学过程中的调研成果展示,以撰写征文的方式作为进行暑期社会实践成果展示的辅助形式。任课教师根据实践活动班级的具体情况,可以采取教师主持成果展示或者选取学生主持成果展示的形式。

第一,展前准备。①确定小组成果展示顺序,可以根据不同班级学生的意见和要求,采用按照小组序号或者抽签的形式确定各小组进行成果展示的顺序。②每组发言人展示本组实践活动成果,在展示过程中,要求每个发言人内容表达准确、观点明确、时间使用合理,各组发言时间依照班级小组的划分数量而定。③各组成员认真听取其他小组同学发言,并结合本课程评价标准对其成果展示情况给予客观、公平、公正、合理的评定。成果展示结束后交由组长汇总。

第二,展示总结。活动成果展示总结是社会调查研究活动中较为重要的一个环节,通过该环节,可以帮助学生梳理参与社会调查活动的过程,总结经验与不足,帮助学生分析自身存在的问题并明确下一阶段努力的方向。

第三,成果评价。①小组互评,以小组为单位对其他小组成果给予客观、公正的评价。每组学生本着公平的原则和对活动认真负责的态度完成对其他组成果的评定。②评价标准,能够清晰、准确、生动地陈述调查过程与内容占40%,调查结果与其项目可行性分析的结合阐述状况占30%,团队合作和仪表仪态得体占20%,PPT制作占10%。

第四,实践考核评价。①态度端正,活动过程中无缺勤、迟到、早退者,在总评分中加5分,对于无故不到者,缺勤一次扣5分,达到3次者取消其参与考核的资格。②在活动中,积极参与并能协助项目负责人圆满完成社会调查任务,在总评分中加5分。③在社会调查过程中,出现违背社会调查原则,不尊重被调查者,造成较坏影响者从总评分中扣掉10分,造成极端恶劣影响者,取消本学期参加考核资格。

第五,成绩评定。①成绩构成,考核以学生提供的社会调查设计、访谈记录、问卷的填写、回收和回访结果、调查报告及成果展示等为依据,评定最后成绩,学生评定占总成绩的40%,教师评定占总成绩的60%。②成绩形式,考核的最后结果以等级的形式给出,分为优秀、良好、及格、不及格4个等级,其中,优秀(90分及以上)、良好(70~89分)、及格(60~69分)、不及格(59分以下)。

(2)服务性学习实践教学组织。要围绕构建"大思政课"建设这一基本思路,在上级部门指导之下按照目前的条件和学生的水平,整合学生服务学习的实践活动,主要包括以下方面。

1)走进实训基地,科学地规划职业。实践活动可以有很多不同的形式,比如参观校内外的实训基地,邀请相关的行业人士对专业的发展方向进行讲解,对一些和学院有联合办学关系的单位实习,邀请学长对学习经验进行分享介绍,拟定职业生涯规划等。之所以要进行这样的实践,主要是希望能够借助于这样的活动,使学生能更好、更深入地理解大学的培养目标,学会平和接纳学校和自身的现状情况;同时,还可以帮助学生牢固树立专业思想,对自己进行科学定位,更加科学地规划和安排学生未来的职业发展方向。

2)奉献爱心,践行社会主义荣辱观。借助于专题实践的形式,对学生进行引导,可以创建社区"作业吧",让学生积极参与到义工服务当中,比如空巢老人的照顾、留守儿童的教育服务等,使学生真正做到辨真伪、知荣辱,树立正确的社会主义荣辱观,提升自身的思想道德素质。

3)服务社区,参与志愿服务活动。不管是哪个专业的学生,都可以充分地利用自己的专业特长,积极在课余时间参与到志愿服务当中,为社区居民提供相关的服务,比如,电子应用技术专业的学生就可以办起"电子协会",在社区中为居民提供家电维修等服务;计算机专业的学生,就可以开办"电脑诊所",在社区居民家的计算机出现软硬件故障时,帮助诊断、维护。

4)参加"三下乡"活动,助力乡村振兴。"服务性学习"与"三下乡"社会实践活动虽然性质、内容不尽相同,但两者存在融合的新思路。通过有效管理活动过程,结合"三下乡"活动,组织学生到农村去实地考察参观,让他们深入了解农村的需求,深入理解国家有关新农村的建设政策,更加深刻地认识我国乡村振兴战略和构建和谐社会的意义,加强学生对自身的历史使命感和责任感。通过"三下乡"社会实践,学生将所学知识应用于实际,为乡村振兴注入新的活力,贡献智慧和力量。

5)宣传法律知识,提升公民的法律素养。充分利用学生寒暑假,让其向乡邻、家人科普、宣传法律相关的知识和内容;城镇的学生则可以在自己所在的社区宣传普及法律知识。学生可以定期到社区,向社区群众进行普法宣传,并提供相应的法律咨询,同时还要求学生撰写相应的总结或者调查报告。借助于学生暑期社会实践这种形式,践行"服务学习"理念,使学生在不断进行服务的过程中对此进行一定反思,通过实践活动提升思想道德品质和法律素养。

(3)参观考察实践教学组织。参观考察革命纪念地,作为思想政治理论课教学社会实践的一种具体形式,能够使学生近距离地体验到革命先辈先烈坚强不屈的革命斗争精神、中国人民对革命的拥护支持以及对革命英雄的敬仰和爱戴,使学生在实践中接受革命传统教育、爱党爱国教育,培养爱国主义、集体主义和革命英雄主义精神,增强学生的社会责任感和使命感,坚定信念,刻苦学习,成就栋梁之材。实践活动,旨在使学生学习和继承优良传统,弘扬革命精神和时代主旋律,增强对社会主义核心价值观的认同,坚定为把祖国建设成富强民主文明和谐美丽的社会主义现代化强国而奋发学习的理想和信念。组织学生们到伟人故居、革命纪念地等地参观,让学生们充分地感悟先辈的奋斗精神,让他们更加深入地了解和认识革命时期的艰苦生活。让他们珍惜当下来之不易的和平,努力向榜样、先辈学习,在国家和民族的未来发展过程中,尽可能地发挥自己的才能,作出贡献。

参观考察的实践活动包含五个部分,分别是组织学生观看关于参观地的影视资料,了解当年的革命事迹;带领学生参观、追寻革命足迹;走访革命亲历者或知情人,重温革命历史,感受峥嵘岁月;撰写一篇实践报告;实践小组之间相互交流实践感受。参观考察的实践活动以学生为主体,以参观和访谈为主线,以革命遗址为载体,在任课教师指导下,以实践小组为组织单位,以相互交流实践感受为成果展示形式进行组织安排。

参观考察实践活动,是以情境教学法为理论根据设计的。情境教学法是指在教学过程中,教师有目的地引入或创设具有一定情感色彩的、以形象为主体的生动具体的场景,以引起学生一定的情感体验,从而帮助学生理解和感悟知识,并使学生的思想情感得到升华的教学方法。情境教学法的核心为寓教学内容于具体形象情境之中,激发学生的情感,使学生受到一定的思想教育。追寻革命足迹的实践活动,就是通过让学生参观考察革命遗址、遗迹以及纪念馆(堂)等爱国主义教育基地的方式,为学生提供一个受教育的特定情境,在这个具有深厚历史文化和洋溢着革命精神的氛围中,使同学们穿越历史时空感受革命先辈为国为人民所走过的不平凡之旅,从而使内心受到触动,心灵受到震撼,情绪受到感染,感情得到升华,深化课堂理论教学效果。

1)参观考察实践教学的设计思路。参观考察实践教学就是指导广大学生对爱国主义教育基地或其他革命遗址进行参观考察,通过了解历史,感受革命精神,激发学生的爱国主义情感,使之自觉继承革命传统,弘扬民族精神和时代主旋律,构建社会主义核心价值体系,树立正确的世界观、人生观和价值观,从而为其健康成长和成才奠定基础。

第一,教师工作任务。①策划实践活动主题。根据历史发展脉络,如以"追忆辛亥英烈,振兴民族精神"为主题,以旧民主主义革命时期为主线,组织学生参观岳麓山黄兴、蔡锷、蒋翊武、陈天华等辛亥革命英烈墓葬;如以"追寻红色足迹,肩负历史使命"为主题,以新民主主义革命时期为主线,可以组织学生参观浏阳文家市秋收起义会师旧址、柳直荀故居;如以"缅怀三湘英烈,重温抗战记忆"为主题,以抗日战争这段历史时期为主线,可以组织学生参观湖南抗日战争时期纪念地,如岳麓山七十三军抗战阵亡将士公墓、长沙会战指挥部旧址、岳麓山忠烈祠,还可参观南岳忠烈祠、芷江受降纪念坊等。②实践活动整体设计与指导。根据教学大纲要求以及教学计划规定的教学时间,科学设定实践活动的环节与步骤,讲解追寻革命足迹实践活动的实施过程、实践目的、实践任务以及做好对学生各方面的教育工作,包括安全教育、遵章守纪教育及文明礼貌教育等。③活动组织。任课教师先将班级学生进行分组,分组人数根据班级总人数具体而定,每小组选出一名组长,负责组织本组学生完成实践任务。④审阅报告。任课教师收集各组实践报告进行审阅,给出评审意见。⑤成绩评定。根据学生参与实践活动的实际情况、实践报告质量及交流情况进行阶段性成果评定;结合小组等级评定完成对每个学生实践活动成绩的评价。

第二,学生工作任务。①学习领会实践活动要求。参与实践活动前,按照任课教师讲解,熟悉实践的环节、步骤、任务及注意事项,认真观看和了解有关爱国主义教育基地的影视资料或历史知识,为顺利开展实践活动,取得良好实践效果奠定坚实基础。②确定主题。每小组经过讨论确定一个主题,使参观目的更明确、针对性更强。③完成参观。参观过程中讲究文明礼貌和公德秩序,注意搜集史料,做好参观记录。④成绩评定。在对其他小组成果的评定中,积极发表个人意见并打分,力争使小组成绩评定体现每个人的意见,做到客观、公正、合理。

2)参观考察实践教学的方案设计。

第一,活动的功能与作用。红色文化承载了中国波澜壮阔的革命史,体现了中华民族优秀的精神品质,通过缅怀革命先辈的革命事迹,重温革命先辈的革命艰辛,体验火热的革命岁月,坚定学生的共产主义理想和信念,激发爱党爱国爱民的热情,增强精神力量以及历史责任感与使命感,传承革命精神,做好自己应做的事,树立远大理想,从而达到健康成长的目的。

第二,班级分组。各教学班学生分为若干小组(每小组以 4~6 人为宜),组长负责组织本组的参观活动及记录等级评定。同时各组务必注意对照片等一手资料的保存。

第三,实践准备。确定参观的革命遗址或爱国主义教育基地,了解相关革命事迹和革命人物,观看相关视频或相关电影资料,提前为参观进行知识准备。指导教师确定本次实践活动的主题,并定制写有主题的横幅;实践小组确定本组的实践任务,如实践感想、心得体会、革命人物特写及革命故事等。学唱革命歌曲。根据所要参观的革命遗址历史情况,全班同学提前学唱 1~2 首革命歌曲,要求会唱、唱熟,激发学生的爱党爱国情感和对革命先辈和先烈的敬仰之情。加强安全教育、组织纪律教育、集体观念教育和文明礼貌教育。准备照相机和摄像机,做好照相和摄像准备,回来后做展板或在学院专题网站发表活动日志,上传活动照片及视频,加强实践成果宣传。出发前每位同学要准备好自己的午餐和水,中午在参观地就餐。

第四,实践活动时间安排。参观考察的实践活动利用 8 课时的课上时间和 8 课时的业余时间(周六或周日)来完成,时间跨度是 2 周时间。周一:在教师主导下了解所要参观的革命遗址或爱国主义教育基地的相关情况,观看相关视频或相关电影资料,确定参观主题。小组成员分工明确,确定本组实践主题,制订小组活动计划。周二:学唱革命歌曲,进行安全纪律教育,完成参观的各项准备事宜。周六或周日:用一整天的时间完成追寻革命足迹的实践活动。利用下周一至周三的课余时间撰写实践报告。周四:各实践小组在学校机房完成实践报告的电子稿和报告的课件制作。周五:分组进行成果展示和小组成果评价等。

第五,参观考察实践过程。①由任课教师带队步行或乘车前往参观地。②到参观地后,有秩序地进行参观,听讲解员耐心地讲解,并做好相关记录。③统一参观完成后,由任课教师确定集合时间和地点,各小组自由活动,搜集史料,访谈人员,完成本组的实践任务。④自由活动结束,全体集合,安排学生在允许拍照的地方合影留念,唱革命歌曲。⑤实践活动结束,全体同学返校。

3)撰写参观考察的实践报告。

第一,实践报告的形式。采用参观有感、感悟精神、心得体会、回顾历史和革命人物等形式撰写实践报告,报告包括以下六个步骤:①确定主题。②拟订提纲。③选择历史资料。④形成感想。⑤起草报告。⑥修改定稿。

第二,实践报告结构与文风特点。实践报告的结构包括标题与署名、前言(简单叙述本次实践活动)、主体(革命的足迹历史资料)和结尾(感想、体会和启示)四部分。实践报告的文风力求朴实无华,有感染力,行文流畅,对历史史实的描写要真实、详细、准确,感悟要发自内心,感想要切合实际,感情要真挚动人。

第三,实践报告篇幅要求。按照以上要求形成实践报告后,用 A4 纸打印,字数控制在 1500~2500 字。

4)参观考察实践的成果展示与评价。

第一,成果展示。①确定成果展示顺序,采用小组序号或者抽签的形式确定各实践小组成果展示的顺序。②展示实践报告,展示借助多媒体课件(PPT)进行,分为追寻之旅,革命足迹(包括难忘历史、峥嵘岁月、英雄人物及革命事迹等内容),实践有感(包括感悟到怎样的精神、受到怎样的教育、得到哪些启示、树立怎样的理想、应该怎样去做等内容)3 部分,每组发言控制在 10 分钟。③小组互评,在展示过程中,各组成员认真听取其他小组同学的发言,同时用手中的打分表给其他小组打分,打分要注意客观、公正、公平、合理,本组不给本组打分。④总结点评,各组展示完成后,任课教师对这次追寻革命的足迹实践活动做简短点评,最后宣布实践活动结束,各组提交实践报告。

第二,成果点评。①追寻革命足迹的实践活动有哪些实际意义。②学生对待实践活动的态度和实践报告的质量。③通过这次实践活动,学生是否有收获。④联系实际,启发教育。

第二节 思想政治理论课与日常思想政治工作的差异性

在大学生思想政治教育工作中,主渠道与主阵地各司其职,共同肩负着培养中国特色社会主义事业合格建设者和可靠接班人的重任。主渠道与主阵地既存在差异性,又具有统一性,二者呈现出辩证统一、相辅相成的关系。

主渠道为思想政治教育奠定了坚实的理论基础,而主阵地则通过丰富多样的教育活动,将理论知识转化为学生的实际行动和思想自觉。二者相互补充、相互促进,共同构成了大学生思想政治教育的完整体系。只有将主渠道与主阵地有机结合,才能更好地实现立德树人的根本任务,培养出具有高尚品德、扎实专业知识和强烈社会责任感的社会主义建设者和接班人。

一、教育主体的差异性

主体是指有目的、有意识的,并在一定社会关系中从事实践活动、认识现实的人和现实的人类。由此可见,大学生思想政治教育的主体是指生活在一定社会关系中,从事大学生思想政治教育活动的具有主观能动性的现实的人。按照这个思路,大学生思想政治教育的主体主要包括思想政治理论课教师、学生辅导员、党员干部、其他教职员工等。

(一)思想政治理论课教育主体

思想政治理论课的教育主体主要是指思想政治理论课教师。思想政治理论课教师是社会主义意识形态和精神文明的传播者,是提高大学生思想政治理论课教育教学质量和水平的关键,他们担负着思想政治理论教育的重要职责,负责学科建设、课程设置、教材编写、教学改革等关键环节的工作。当前,国际局势纷繁复杂,改革开放日益深化,大学生思想政治教育的环境、政策等都发生了新的变化。在教育环境上,国家出台的相关政策措施为大学生思想政治教育提供了改革和发展的新空间,信息化社会和网络时代的到来为人们相互间的思想交流提供了新的载体,经济全球化和知识经济的发展带来的巨大竞争使思想政治理论课教师担负着更重的历史责任。

作为大学生思想政治教育基础队伍的思想政治理论课教师必须对这些变化有充分的认识,做好迎接挑战的准备。思想政治理论课教师面临学习新知识、转变工作方式的任务,肩负培养全面发展的中国特色社会主义事业合格建设者和可靠接班人的重大使命,需要被锻造为政治强、业务精、纪律严、作风正的优良师资队伍。

(二)日常思想政治教育工作主体

日常思想政治教育工作的主体主要是指学生辅导员等学生工作队伍。辅导员队伍是日常思想政治教育工作的骨干力量。辅导员按照党委的部署有针对性地开展大学生思想政治教育工作,负有在思想、学习和生活等方面指导学生的职责。辅导员队伍是否稳定,对于加强和改进大学生思想政治教育,维护高校稳定,把大学生思想政治教育各项任务落到实处,具有十分重要的意义。

二、教育方式的差异性

教育方式的性质决定了它是联系教育主体和教育对象的桥梁,是决定教育目标能否实现、能否取得预期效果的决定性因素。由于教育主体的差异性,思想政治理论课与日常思想政治教育工作的教育方式也存在差异。

(一)思想政治理论课的教育方式

思想政治理论课的教育方式主要体现为理论灌输,即理论宣传教育法,是指有目的、有计划地向受教育者宣讲政治理论、道德规范等内容,使受教育者逐步树立科学发展观、历史观、人生观,坚定社会主义信念和共产主义理想,热爱祖国,成长为有理想、有道德、有文化、有纪律的社会主义新人的方法。对于思想尚未成熟的大学生而言,要使他们形成正确的观念,首要的就是告诉他们哪些是正确的观念,哪些是错误的观念。观念问题只能用理论说服的方式来解决,而不能用强迫命令的方法。外部思想观念的输入是大学生形成新的正确观念的强大动力。

理论宣传教育法包括课堂讲授法、会议学习法、媒体宣传法等形式。课堂讲授是大学生思想政治教育的一个最主要的方法。课堂学习是学生学习理论和知识的主要方式,为此国家制定了思想政治理论课体系。为了加强课堂宣教效果,高校采取了不少措施,如在思想政治教育领域开设大量的硕士、博士学位点;加强对相关理论的学术研究和宣传工作,培养大批政治理论学科人才;改革教学的方式方法等。

(二)日常思想政治教育工作的教育方式

日常思想政治教育工作的教育方式主要体现为实践塑造法、心理咨询法等。

1. 实践塑造法　实践塑造法是指通过组织、引导学生积极参加各种社会实践活动,不断提高学生的思想觉悟和认识能力的方法。这一方法体现了知行合一、理论与实践相结合的原则。

2. 心理咨询法　心理咨询法是指在日常思想政治教育工作中运用有关心理学的理论和方法,通过接触、了解和帮助解决咨询对象的心理问题,来维护和增进他们的心理健康,促进他们的思想认识的提高,实现潜能开发。

第三节　思想政治理论课与日常思想政治工作的统一性

思想政治理论课与日常思想政治教育工作联系紧密,除了上述提到的差异性,更体现在彼此的统一性上。具体来说,思想政治理论课与日常思想政治教育工作在教育目标上具有一致性,在教育方式上具有互补性,在教育实效上具有相关性。

一、教育目标的一致性

思想政治理论课与日常思想政治教育工作的教育目标的一致性是指它们共同承担着培养中国特色社会主义事业合格建设者和可靠接班人的历史使命。尽管思想政治理论课与日常思想政治教育工作在教育主体和教育方式上存在差异,但是总体的教育目标是一致的,二者都必须以大学生全面发展为目标,坚持以人为本,贴近实际、贴近生活、贴近学生,努力提高大学生思想政治教育的针对性、实效性、吸引力和感染力,培养德、智、体、美、劳全面发展的中国特色社会主义事业合格建设者和可靠接班人,让大学生将自我价值与国家利益联系起来,成为中国梦的追寻者和成就者。

尽管思想政治理论课与日常思想政治教育工作的教育目标总体上是一致的,但是在具体的教学目标设置上却存在差异,如思想政治理论课因其学科性质,更关注理论知识的教授,而日常思想政治教育工作则力图通过各种实践活动达到育人的目的。二者在具体工作中尚缺乏相互支持,没能形成一个完整的教育系统。

由于思想政治理论课与日常思想政治教育工作在微观层面缺乏应有的协调,导致二者产生了不同的具体的教学目标。如一些思想政治理论课教师对大学生思想政治教育工作缺乏全面的了解,将其教学目标局限于上课学时、出勤率、学生考试成绩、学生给的教师评价等指标上,而对于是否让学生系统掌握思想政治理论,是否让学生提升思想品德,是否引导学生正确看待社会事务、正确处理自我实际问题等根本性问题关注不多,导致思想政治理论课的主渠道作用不能充分发挥;一些学生辅导员也对大学生思想政治教育工作缺乏认知,对自身责任的认识不够深刻,仅仅将工作目标定位于执行上级政策、整理学生信息等,没能在实际工作中与学生进行深层次的精神层面的有效交流,使得日常思想政治教育工作对学生产生的实际作用不大,这样一来就导致很多学生对辅导员的印象不够深刻,甚至会有个别学生产生不满情绪。当然,这种微观层面的不协调并不影响主渠道和主阵地在整体上的一致性,二者存在进一步协调的空间,并且这是大学生思想政治教育的发展趋势。

二、教育方式的互补性

思想政治理论课与日常思想政治教育工作在教育方式上存在差异,思想政治理论课的教育方式主要体现为理论知识的教授,以理论教育为主,而日常思想政治教育工作的教育方式则主要体现为实践塑造法、心理咨询法等,以实践活动为主要的教育方式。不过,思想政治理论课与日常思想政治教育工作在教育方式上存在互补性。

1. 在大学生思想政治教育中的理论与实践的互补　就教育而言,由于学生的多样性,必须因材施教,根据不同学生的特点采取相应的教育方式。单纯的理论教育或实践教育难以达到让每一位学生受到有效教育的目的,必须综合不同的教育方式,将大学生思想政治教育的目标分解到具体的教育方式中去,如此才能通过这些多元化的适应学生特点的教育方式促进教育目标的实现。

2. 在行为与认知上的互补　把"知"与"行"统一起来考察,才能检验大学生思想政治教育的实际效果。思想政治理论课主要解决"知"的问题,通过系统的理论教学、专题研讨、时事热点分析、党和国家大政方针解读、对学生困惑的社会问题进行讨论等,提高学生的道德认知水平。日常思想政治教育工作主要解决"行"的问题。学生在日常的学习、生活中,会遇到各种各样的问题,在解决这些问题时要避免做出道德缺失的行为,做到"知""行"统一。

3. 在教书育人和管理育人功能上的互补　思想政治理论课的教学主要由专业教师承担,教师在关注自身专业研究和课堂教学的同时,要注重提高自身思想政治素质和道德水平,以自己的修养影响学生,做到教书育人。日常思想政治教育工作主要由辅导员等学生工作者承担,辅导员的工作与学生的学习生活成长发展密切相关,辅导员了解学生的思想实际,在给学生提供帮助的过程中,注重潜移默化地对学生进行思想政治教育,做到因材育人。

三、教育实效的相关性

思想政治理论课与日常思想政治教育工作在教育实效上具有相关性,包括两层含义。

1. 思想政治理论课与日常思想政治教育工作共同承担着培养中国特色社会主义事业合格建设者和可靠接班人的使命　这一使命的实现包含思想政治理论课与日常思想政治教育工作两个方面的工作实效,任何一个方面没有做好都会导致整体的教育实效大打折扣。

2. 思想政治理论课和日常思想政治教育工作的教学目标的实现程度具有相关性　思想政治理论课的教学目标是否有效实施会影响日常思想政治教育工作的实施效果,日常思想政治教育工作是否有效开展也会影响思想政治理论课的实效性。我们主要关注二者教育实效相关性的第二层含义。

大学生进入高校就会同时接触这两种形式的思想政治教育。新生入学首先会认识自己的辅导员,并在辅导员的引导和帮助下度过高中到大学的适应期。这一时期,辅导员对学生的影响很大,可以说扮演着学校代表和人生导师的角色。如果这个阶段辅导员能尽快地了解学生的实际情况,则可有效引导学生走好大学第一步。比如此时辅导员对学生进行思想教育,向学生阐释思想政治理论课的重要性和接受思想政治理论教育的必要性,并向学生介绍学习思想政治理论课和提高自我认知的方法,则可让学生提前做好上课的准备。

当学生接触思想政治理论课之后,就要考虑这些课程如何开展了。此时如果思想政治理论课教师能够将理论传授与社会热点相结合,多关注学生的思想现状,并将教学内容与解决学生的思想问题、实际问题联系起来,以此唤起更多学生的共鸣,那么思想政治理论课课堂必将充满生机与活力。在此后的教学过程中,如果思想政治理论课与日常思想政治教育工作一如既往地开展下去,则可就工作帮工作、以实效促实效,形成相辅相成、互促共进的良好局面。

第四节　日常思想政治工作与思想政治理论课的具体融合

大学生思想政治教育主渠道与主阵地的具体融合,指思想政治理论课与日常思想政治教育工作的不同教育形式的融合,具体包括思想政治理论课教师与辅导员工作队伍的融合、思想政治理论课与大学生团学活动的融合、思想政治理论课与大学生职业生涯规划的融合、思想政治理论课与大学生社会实践活动的融合等内容。

一、思想政治理论课教师与辅导员工作队伍的融合

思想政治理论课教师与辅导员工作队伍的融合是思想政治理论课教师、学生辅导员充分发挥各自的工作职能,通过课堂教学、日常教育管理的有机统一,将第一课堂与第二课堂相互融合,有效改进大学生思想政治教育的方式方法。其既是育人队伍的相互融合,又是理论与实践的相互补充和有机统一。思想政治理论课教师与辅导员工作队伍在工作内容、工作方式上具有互补性,不断实现二者的协调配合是大学生思想政治教育工作的必然举措。结合当前大学生思想政治教育两支工作队伍的实际情况,可以建立思想政治理论课教师与辅导员工作队伍双向工作机制。

(一)在思想和组织上为双向工作机制夯实基础

1. 统一育人思想,破除工作障碍　思想政治理论课教师与辅导员工作队伍双向工作机制的实施,首先需要统一两支工作队伍的思想。理论课教师与学生辅导员的思想必须统一到教书育人的工作思路上来,避免出现理论课教师和学生辅导员工作两条线、"两张皮"的情况。理论课教师要研究、掌握思想政治理论课教学大纲和教学的基本要求,同时要经常参与学生活动,深入学生生活,了解学生实际情况,做好对教材的"二次"改造,把教材体系转变成密切联系学生思想实际的讲授体系。学生辅导员要认真学习思想政治理论课教学大纲和教学的基本要求,做好日常思想政治工作,帮助学生提高认识问题和解决问题的能力。

2. 调整组织结构,做好工作保障　在管理过程中,理论课教师与学生辅导员虽然归属于学校不同的职能部门,但不能视其为孤立的两部分。在组织设计中,要围绕学校的育人目标,以运营高效为原则,动态地调整组织结构,以适应新的工作要求和形势。毋庸置疑,将思政部与学生处相融合,统一于同一个党支部,让思政部主任和学生处处长兼任党支部书记、副书记或委员,同时让思政部主任到学生处挂职、学生处处长到思政部挂

职,使两个部门的工作有效地结合起来,以此加强思想政治理论课教师与辅导员工作队伍的融合,更有利于双方工作的开展和工作效率的提高。

(二)注重前瞻性,从源头上把关双向工作机制

一直以来,负责不同工作的两支工作队伍要进行融合,实现双向工作机制,必然需要这两支工作队伍兼具双方面的工作素质。要使双向工作机制顺利实现,需要从源头把关,在理论课教师和学生辅导员的选拔任用上制定聘用标准,有目的、有针对性地选聘人才。

在选拔理论课教师时,除了要考察人员的思想政治理论知识、理论研究能力和课堂教学潜力,还要对其进行日常管理能力、心理健康教育知识、心理调节能力的测试。

在学生辅导员的聘用上,要一如既往地坚持选择思想积极向上、政治觉悟高、组织纪律观念强的应聘者。同时,要注意应聘者掌握思想政治理论知识的情况,优先选用思想政治理论知识过硬、理论研究能力和教学能力够格者,尤其关注思想政治教育、管理学、心理学、法学等专业的人才。

(三)工作循序渐进,走教育队伍专兼职化道路

虽然在招聘环节的双向考虑为双向工作机制打下了一定的人才基础,但这并不代表理论课教师和学生辅导员就能立刻兼任彼此的工作,具体实施时还要遵循循序渐进的原则。高校应制定科学的计划,对新招聘的理论课教师和学生辅导员进行双向培训。

对两支工作队伍进行本职能力培训,让其提升专职素质,使其能较好地完成本职工作。同时,要对新招聘的理论课教师和学生辅导员进行双向工作机制能力培训,如对理论课教师进行心理健康教育、就业指导、职业生涯规划、组织管理等方面的知识和能力培训。培训后,应视他们的工作情况和个人能力的提升情况进行综合评估,确定可以进行双向工作的理论课教师和学生辅导员。理论课教师和学生辅导员接受培训并在各自的岗位上工作两年后可以申请兼任双向工作机制对应的职位,由学校相关领导对申请者的工作绩效和个人能力进行审核,并组织申请者进行面试、笔试和情景展示等考核,通过者进入双向工作机制,兼任对应的职位。其余申请者组成思想政治教育专职队伍,与双向工作机制下的兼职队伍共同构成大学生思想政治教育的主要工作队伍。

(四)改进考评制度,促使双向工作机制有据可依

理论课教师和学生辅导员进入双向工作机制后,二者的工作范围都将得到拓展,其考评制度也应做相应调整。将课外育人具体要求和奖惩办法纳入理论课教师工作条例,并将必须兼任学生辅导员助理、必须参加学生活动、每月必须对学生进行一定次数的心

理咨询服务等作为理论课教师评优、评定职称的重要指标。将考查学生辅导员理论水平的具体要求和奖惩办法纳入学生辅导员工作条例;必须旁听一定次数的思想政治理论课;条件允许的情况下必须参加思政部的考研活动、集体备课、兼任思想政治理论课教学;每学年必须撰写思想政治理论方面的论文或书面总结等作为学生辅导员评优、评先的重要指标。

除此之外,还要将学生对理论课教师和学生辅导员的评价纳入考评体系,推动其努力提高教学质量和管理水平,不断提高学生满意度。对于能力还不足以胜任工作者,可按其专业将其暂时分流安排到其他部门工作,或者继续进行培训,待能力提升后再上岗。这样可以保证双向工作机制下的思想政治理论课教师和辅导员工作队伍的整体质量,使其成为社会主义大学中思想政治素质高、业务能力强的优秀教师队伍。

(五)做好保障措施,维持双向工作机制的稳定性

实行双向工作机制,无疑会大大增加理论课教师和学生辅导员的工作量,给其带来巨大的工作压力。高校应采取措施,对理论课教师和学生辅导员进行工作价值观教育,让他们将这种兼任职位视作锻炼自身能力的机会。理论课教师和学生辅导员应将兼任的职位视为职业与事业的统一,将双向工作机制下的工作职责看作自己的事业,投入爱心和责任心,指引和教导学生,为中国特色社会主义事业培养合格建设者和可靠接班人。

除了价值观念上的教育,高校还应从学生辅导员最关心、同学生辅导员利益最相关的问题入手,建立相应的激励保障机制。双向工作机制下的理论课教师和学生辅导员不仅本职工作能力能够得到很好的锻炼,对应职位的能力也能得到培养,双向素质和能力的提升使他们可以成为党政干部的后备人选。高校应通过政策设计、制度设计和机制设计,搭建双向工作机制下思想政治教育工作队伍向上发展的通道。

二、思想政治理论课与大学生团学活动的融合

当前,国内外形势正在发生复杂而深刻的变化,大学生思想政治教育工作面临许多新情况、新问题和新挑战,传统的一些教学方式和方法已不能适应新形势,探究大学生思想政治教育工作新方法和新途径势在必行。思想政治理论课和日常思想政治工作分别是大学生思想政治教育的主渠道和主阵地,大学生团学活动是日常思想政治工作的重要载体之一,将思想政治理论课与大学生团学活动进行融合,是新形势下大学生思想政治教育实践育人的有效途径之一。

（一）确立科学的团学活动目标体系

在大海中航行最重要的就是要有正确的航向与基本的航线,有了航线,船只才不会偏离目标,更不会迷失方向。同样地,高校的团学活动在开展的过程中应有一个科学的、明确的目标,才能真正将思想政治教育的理论知识运用到实际,才能保障团学活动的思想政治教育效果,才能保证团学活动这一隐性思想政治教育的课程载体的有效利用,也才能保证思想政治理论课在校园文化层面的全面实施。

高校团学活动要以理想信念教育为核心目标,致力于培养大学生形成符合社会发展需求的良好道德品质,指导大学生正确处理个人理想与社会理想的关系,正确面对理想与现实的差距;引导大学生树立正确的世界观、人生观和价值观,把个人的成长进步同中国特色社会主义建设、祖国的繁荣昌盛紧密联系起来,为建设社会主义和谐社会做好准备。

（二）重视团学活动中大学生的主体性

重视大学生的主体性,即一切团学活动要以学生为出发点和归宿。学生是高校道德活动、道德教育的主体,这就说明在团学活动中大学生应担任主角,理论课教师和学生辅导员只是起指导作用,开展的一系列活动是培养学生思想道德素质的一种方式、一个舞台。高校团学活动的组织、策划、开展和实施,都要求由学生来参与。在此过程中,学生不应该只是接受者,更应该是组织者、参与者、体验者、实践者。因为只有保证学生的主体性,才能使学生的积极性得到充分发挥,才能不断激发学生的自身潜能,才能使活动更加符合学生的心理特点及需求,如此才能真正调动学生参与的积极性和热情,使学生在团学活动这个舞台上展示风采、增强自信、获得认同,也使团学活动从真正意义上成为隐性的思想政治理论课的讲台,更好地引导学生形成正确的价值观,为社会培养优秀的全面型人才,高效地达到大学生思想政治教育的目的。

（三）提高教师在团学活动中的参与度

思想政治理论课教师的专业知识、自身素质等是思想政治理论课课程效果的重要影响因素,理论课教师的言行举止、思想观念往往被学生所模仿。因此,理论课教师在团学活动中的参与度,直接影响着学生对于活动的看法和感受。理论课教师要充分认识到团学活动的重要作用,主动参与进来,与学生交流沟通,给学生出主意、做指导。如思想政治理论课教师和部分团学组织在组织力量和理论指导等方面各有所需、各有所长,可以有效地进行互动互补。一方面,一些理论性、研究性比较强的社团和学生组织需要思想政治理论课教师的指导。另一方面,思想政治理论课教师在组织一些实践活动时也需要团学组织的协助。

与此同时,学校的大部分团学活动都是依靠学生组织和学生干部的力量开展的。由此可见,学校社团和学生组织可以根据自身情况安排承办或协办思想政治实践教学的部分环节,这样就实现了理论课教师对学生组织的指导和学生组织对理论课教师的协助这样一种互动互补。这种互动互补可以让思想政治理论课教师将自己的个人经历、经验、情感、道德观念转换为课程资源,以自身的人格魅力感染和熏陶学生,成为学生心灵的导航师,帮助其成长。从这种深入的交流沟通中学生也容易有所顿悟,有所体会,并且这种体会将是持久的、潜移默化的,对于其以后的人生都会产生深远影响。

(四)注重理论课与团学活动优势互补

思想政治理论课与多种形式的团学活动都存在互补空间,充分认识二者的优劣势,使二者相互借力、共促共进是实现思想政治理论课与团学活动融合的必要途径。如思想政治理论课可以与团学活动形式之一的校园文化活动相融合。思想政治理论课具有内容的系统性、规范性的特点,而校园文化活动则具有载体形式的丰富性、灵活性的特点,二者可以有效地进行互动互补。

(1)高校校园文化活动形式多样、内容丰富,各种载体、资源也很成熟,因此,可以精心挑选出校园文化活动中与思想政治理论课契合度高、融合度好的活动,在原本的基础上充分融入思想政治教育的内容,作为思想政治理论课的实践载体,列入教学计划,以此扩大学生的参与面、提高学生的参与积极性,并逐步形成一套与思想政治理论课相适应的校内思想政治实践系列课程。

(2)校园文化活动本身不仅是丰富校园生活的载体,更是高校进行大学生思想政治教育的平台,需要更好地融入思想政治教育的内涵,使活动成为学生进行自我教育、自我服务和自我管理的一大载体,使学生在一系列积极向上的主题活动中学有所得、学有所获。此外,思想政治理论课与校园文化活动相融合,还解决了面向学生开展的多个活动在形式和内容上的冲突问题。

团学活动的优势是可以组织大型的有可看性和影响力的活动,不足是覆盖面和指导面小;思想政治理论课的实践活动的优势是大部分学生都可以参加,授课教师可以对每个学生进行个性化指导,不足是在组织高层次的较大型的活动时缺乏经费和组织力量。可以将这类形式和内容相似度较高的实践活动由团学组织和思想政治理论课教研室共同承担,在大众参与阶段利用思想政治理论课课堂教学的时间和平台,由授课教师进行组织和指导;而在展示交流阶段以演讲比赛、辩论赛、征文比赛等团学活动为载体,由团学组织来开展。如此一来,既可以有效避免形式、内容、参与者的冲突,又融合了两个平台的优势,进而达到指导够深度、参与够广度、提升够高度的效果。

此外,思想政治理论课还可以同团学活动中的科研立项类科技活动相融合。思想政治理论课的实践调研项目和学生科研立项不同,两者在专项提升和培育支持等方面各有侧重,可以进行有效的协调互补。团学活动中的科技活动包括国家和省级大学生科技创新项目、校学生科研课题、"挑战杯"课外学术科技作品竞赛等多种创新实践项目,各项目包含了立项、培育、成果评审、参加竞赛等一系列环节。

一方面,将思想政治理论课的实践调研项目经过筛选后作为学生的科研创新项目给予立项,优秀的成果推荐参加"挑战杯"课外学术科技作品等有关竞赛,这样既可以调动学生进行实践研究的积极性,又可以解决教师指导工作量过大和课题经费不足的问题。另一方面,由于思想政治理论课的实践调研项目有思想政治专兼职教师和相关教师进行过程指导,吸收思想政治理论课的实践调研项目作为学生的科研创新项目进行立项,既提升了项目的结题率、研究收获和成果水平,同时也加强了创新实践项目、"挑战杯"课外学术科技作品等竞赛和学生科研项目的培育力量。

三、思想政治理论课与大学生职业生涯规划的融合

职业生涯规划是指个人根据自己的职业倾向,在对自身的主观因素和客观环境进行综合测定、分析、总结的基础上,确定符合自己的职业生涯发展目标,依此制订一系列可行的学习、教育、培训计划,并合理安排时间,采取实际行动来实现自己的职业生涯目标。职业生涯规划与思想政治理论课之间存在密切联系,职业生涯规划中潜藏着丰富的思想政治理论教育资源,积极探索大学生职业生涯规划中的思想政治理论教育资源,在大学生职业生涯规划的基础上对大学生进行思想政治理论教育,不仅使思想政治理论课教育更加具有亲和力,有效性有所提高,而且大大拓展了大学生思想政治教育的平台,现实意义重大。

目前,思想政治理论课着重于提高大学生的思想和认识,侧重于塑造与养成大学生的理想信念、价值观念、道德品质,但是针对性还不够强、实践化还不够足,难以帮助大学生树立正确的价值观和择业观;而职业生涯规划侧重于对大学生职业能力的长期的系统的设计与培养,可以使大学生明确奋斗目标和努力方向,提高职业素质和能力水平,但在品德的培养和思想的熏陶上略有不足。作为加强大学生素质与能力、提高大学毕业生求职竞争力、促进大学生良好就业的两个重要途径,思想政治理论课与职业生涯规划两者密不可分。思想政治理论课可以对大学生的职业生涯规划起指导作用,而职业生涯规划可以成为提升思想政治理论课有效性的重要载体。如何把它们更好地融合起来,促进大学生思想政治教育更加有效地开展,以及实现大学生个人和社会的全面、协调、可持续发展,是值得探讨的。

(一)将思想政治理论课元素贯穿职业生涯规划教育

在初步研究职业生涯规划时,要更加注重对大学生心理素质、职业素养的培养,要求大学生树立正确的世界观、人生观、价值观,培养学生的责任心和爱国热情,让学生成为一名奉献社会、服务社会的新时代理想青年。思政课程其实主要是思想政治理论课程,理想教育在思政课程中扮演着十分重要的角色,理想教育不仅包括职业理想、道德理想,还涉及生活理想和社会理想,职业生涯规划对于学生的成长和发展具有重要的意义。

大学生首先应当树立积极、正确的价值观念,其中世界观是核心。世界观实质上是指个人对世界发展的正确认识,对于社会关系、社会地位的深刻剖析,从不同角度、不同层次来认识世界。由于每个人所处的环境和观念有所不同,世界观也会存在一定的差异,绝大多数大学生的世界观还不够成熟,容易产生焦虑的情绪,对于个人的发展方向也没有清晰的认识。

政治观教育在思政教育中有着重要地位,爱国教育、形势政策教育则是政治观教育的重要组成部分,在开展职业生涯规划课程的过程中。教师应当引导学生树立正确的政治观念,鼓励并倡导学生关注国家发展状况,了解我国的基本国情,培养学生的爱国热情。

职业生涯规划与法律息息相关,因此法治观念教育也显得尤为重要。大学生必须掌握基本的法律知识,能够运用法律维护自己的合法权益,使得自己的合法权益免受伤害,做到知法、懂法、守法。让职业生涯规划的课程与法治观念教育完美融合,充分调动学生学习相关课程的积极性并发挥主观能动性,在学习法治观念的基础上,做到爱岗敬业、积极进取。随着社会的不断进步,企业对于大学生的要求也越来越高,大学生必须掌握一定的职业技能,树立主人翁意识,对于自己今后的发展有长远的打算。

(二)在思想政治理论课中引入职业生涯规划教育

随着教育的不断深化改革,教师应当紧跟时代步伐,顺应时代发展,冲破传统教育模式对于教学的束缚,转变教育教学方式,使教学逐步趋于多元化、专业化,解决学生在就业方面的问题,尽可能满足学生的就业需求,使学生能够更快地适应职场生活。

职业生涯规划教育在思政教育中发挥着重要作用,教师会结合学生的实际情况,根据学生的就业需求,为学生提供精准化的就业指导。科学、合理的职业生涯规划更有利于学生的发展,因此高校应当扩大就业渠道,在学生中普及就业知识,使职业发展观念深入人心。

要让职业生涯规划进入思政教学,在思政教学活动开展过程中,在满足学生就业需求的基础上,从全方位、多角度地对学生的人生发展进行规划、引导,进一步提升学生的道德修养和综合素养,让学生能够在今后的发展中更快地适应自己所扮演的角色。在做好职业生涯规划的同时,还应当注重学生的职业心理,帮助学生树立正确的择业观,端正学生的工作态度,让学生了解相关的法律法规,学会使用法律手段维护自己的合法权益,倡导并鼓励学生自主择业、自主创业。对于绝大多数高校而言,马克思主义基本原理作为一门必修课,学生必须认真学习,其学习目的是让学生能够用辩证法的思想分析问题,任何事物都应当一分为二地看待,唯物辩证法对于学生今后的发展以及择业具有重要影响。马克思主义基本原理中还涉及政治经济学的相关知识,要求学生能够深刻剖析当前的就业形势,分析国内外形势,了解国家的大致发展状况。

总之,高校要高度重视并鼓励思想政治理论课教师在教学中充分挖掘职业生涯规划内容,使职业生涯规划与思想政治理论课相互融合,相互促进。这样,才能调动大学生参与思想政治理论课学习的积极性,增强课程的实效性,进而发挥思想政治理论课在职业生涯规划中的导向作用。不难看出,正是思想政治理论课与职业生涯规划在教育理念、教育目标、教育内容等方面的内在联系决定了二者相互融入彼此的必要性和可行性。

四、思想政治理论课与大学生社会实践活动的融合

社会实践活动是让大学生深入基层、深入群众、深入实际,以了解社会、认识国情、增长才干、奉献社会、锻炼毅力、培养品格、增强社会责任感为目的的各种活动。社会实践活动作为高校德育的有效途径,对满足社会和大学生的需要具有一定的作用。思想政治理论课与社会实践活动的融合主要体现为:思想政治理论课的实践教学。为深入研讨思想政治理论课与社会实践活动的融合,这里将二者的融合等同于思想政治理论课的实践教学。

(一)强化对思想政治理论课的实践教学的领导

1. 建立完善的领导机制指导思想政治理论课的实践教学　完善的领导机制包括符合分工协作的工作实施机构,以及与工作相应的制度。工作实施机构主要协调学校的有关部门,设立领导小组,领导小组涵盖了校领导、教务处、教研处、思政部、宣传部、团委等部门。领导小组的职责在于总体规划、科学合理地指导并监督思想政治理论课实践教学的过程,促使实践环节和实践内容相协调,在实践过程中出现问题,或可能出现问题时,及时制定应对政策,保证思想政治理论课实践教学顺利进行。

2. 建立科学的管理机制规范思想政治理论课的实践教学　科学的管理机制是指进行思想政治理论课的实践教学时要制定科学的教学计划,并明确规定思想政治理论课实践教学的指导思想、教学目标与要求、教学方针、原则、教学形式、方法途径、教学时间设

计、成绩考评办法、工作量、奖惩办法等。例如,制定《思想政治理论课实践教学的教学大纲》《学校思想政治理论课实践教学管理办法》《思想政治理论课实践教学中教师的工作职责》《思想政治理论课社会实践调查报告成绩评定参考标准》《学生参加社会实践的管理规定》等一系列的管理机制。利用这些管理机制,可以帮助教师明确整体教学计划,在计划中实施实践教学的时间和任务要求,学生需要应用的学时,学生能够取得的学分,以及教学如何考核,教师怎样引导激励。而且,思想政治理论课的实践教学也是教育主管部门考核学校党建水平、教学体系的一部分,是考核学校教学质量、办学水平的重要指标。通过科学的管理机制规范思想政治理论课的实践教学可以保证实践教学的落实与发展。

3. 建立有效的指导机制引导思想政治理论课的实践教学　指导机制是教师根据教学大纲和学生实践,提出若干具有科学性、针对性、实效性的课题,以供学生参考,并为学生提供指导。为提升学生对实践教学意义的理解程度,以及深化实践教学的具体内容,一般会选择课堂教学、举办讲座、办板报墙报等方式,还会针对学生的实际情况培训他们课题选择、调查方法、技能要求、论文撰写等方面的技巧。学生主要通过思想政治理论课系统地掌握马克思主义世界观和方法论,也就是在理论上先明白面临什么问题,为什么要解决这一问题,以及怎样才能解决这一问题。

思想政治理论课的实践教学环节则是学生结合理论与实践的过程,通过实践引发学生的思考,产生深刻的体会。在实践环节后,学生要总结、巩固这些思考,并不断消化,指导自己以后的实践。在这一过程中,理论课教师和学生辅导员起到了重要的指导作用,可以帮助学生产生感性认识,并将感性认识总结为理性认识从而提高到理论水平上来。指导者常用的方法有安排学生写心得体会、观后感或者调查报告一类的总结,并通过开汇报会、演讲会、展览等形式宣传学生实践后的成果,激发学生的兴趣,调动其积极性。

实践教学一方面使学生理论联系实际,通过实践的反作用,促进学生对思想政治理论知识进一步的理解和掌握;另一方面可以使学生联系实践认识和思考问题,提高学生认识、分析、解决问题的能力,同时提高学生的综合能力,如调查研究能力、组织协调能力、独立思考能力、人际交往能力、口才与演讲能力等。

(二) 构建稳定的思想政治理论课的实践教学基地

思想政治理论课的实践教学必备的客观条件是稳定的思想政治理论课实践教学基地。高校应该考虑如何让思想政治理论课的实践教学更能发挥其实效性,并充分利用校内外的教育资源而做好实践教学基地的构建工作,包括其选址、规划和建设各个阶段。

高校建立的实践基地要有针对性,要符合思想政治理论课的实践教学内容的需要,要符合社会现实的需要。一般来说分为校内和校外两种类型。

校内型的实践基地一般是多个部门共同参与,由校院(系)两级师资力量共同领导、组织、协调和整合,形成合力,方便教师和学生参与,师生可以双向互动,效果较好。

校外型的实践基地主要利用校外的社会资源。学生参加社会实践,在实践中仔细观察、思考、分析,发现问题,并解决问题。在教学改革的进程中,一些学校尝试了和单位"共建"思想政治理论课的实践教学基地,双方齐心协力,合作共赢。

第四章 大学生网络思想政治教育工作及其创新路径

第一节 大学生网络思想政治教育的主客体

在高校校园网络环境中,由于网络的"去中心化",使得教育者原先的单一主体地位和权威性弱化,而受教育者自主选择和自我教育的主体性强化,从而促进了大学生网络思想政治教育由传统的主客体关系向主体间性转向。本章重点分析大学生网络思想政治教育主体性作用的发挥、大学生网络思想政治教育的接受主体与施行主体。

一、大学生网络思想政治教育的接受主体

大学生网络思想政治教育的接受主体,是指大学生网络思想政治教育实践活动所作用的相对一方,即大学生网络用户群体。研究大学生网络思想政治教育的接受主体,对于大学生网络思想政治教育在实践中做到有的放矢并取得实效具有积极的作用。大学生网络思想政治教育接受主体的研究,主要包括大学生网络思想政治教育接受主体的内涵与限定、网络对大学生网络思想政治教育接受主体的影响、大学生网络思想政治教育接受主体乐于上网的原因分析以及大学生网络思想政治教育接受主体相关教育接受的理论探讨等内容。

大学生网络思想政治教育的接受主体需要分两个层次来进行:一是要揭示大学生网络思想政治教育接受主体的内涵;二是要在此基础上根据一定的标准对大学生网络思想政治教育接受主体进行进一步的限定。

(一)大学生网络思想政治教育接受主体的限定方法

大学生网络思想政治教育的接受主体,指的就是大学生网络思想政治教育实践活动

中的大学生网络用户群体,对其限定大致有以下四种方法。

1. 基于接受理论的限定方法　接受理论强调从接受主体的心理实际出发,关注大学生的内在需求、心理接受机制和认知规律。通过分析大学生对网络思想政治教育内容的接受意愿、接受能力以及接受效果,可以将那些对思想政治教育内容有较高接受意愿和能力的大学生限定为重点接受主体。

2. 基于双向互动和主体性培养的限定方法　强调大学生在网络思想政治教育中的主体地位,将那些在网络平台上积极参与互动、主动表达意见、并能通过互动提升自我认知和价值观的大学生限定为接受主体。教育者应通过平等对话、互动交流等方式,激发大学生的主体性,使其从被动接受者转变为积极的参与者。

3. 基于体验认同的限定方法　通过创造沉浸式的网络思想政治教育体验,将那些在网络环境中感受到获得感、幸福感和安全感的大学生限定为接受主体。例如,通过校园"官微"等平台,满足大学生的实际需求,解决他们在学习生活中面临的问题,增强其对思想政治教育的认同感。

4. 基于心理接受机制的限定方法　通过对大学生的心理接受机制进行分析,将那些对网络思想政治教育内容有较强心理接受能力的大学生限定为接受主体。例如,通过优化教育内容的形式和方法,增强教育的吸引力和亲和力,可以有效提升大学生对思想政治教育的接受度。

通过以上多种方法,可以更全面、更精准地限定大学生网络思想政治教育的接受主体,从而为提升网络思想政治教育的针对性和实效性提供有力支持。

(二)大学生网络思想政治教育接受主体的主要影响

在大学生实现各自不同上网目的的同时,网络必然会对大学生产生相关的影响。这些影响主要分一般层面上的影响与思想道德层面上的影响两种。从一般层面上的影响来讲,网络对大学生的影响主要表现为网络对大学生生存方式、交往方式和思维方式的影响这三个方面。

1. 网络对大学生生存方式的影响　20世纪80—90年代以来,随着网络虚拟技术的迅猛发展,一种新的生存方式——虚拟生存产生并日渐被更多的大学生所实践。虚拟生存是对现实人生存的数字化和符号化,也可称为数字化生存或者网络化生存。从当前对计算机应用的角度来看,大学生的虚拟生存主要有以下形式。

(1)虚拟购物。在网络时代,人们信奉的是眼见为实的真实观。然而当网络购物成为人们习以为常的生活方式时,人们不见实物不掏钱的准则就遭到了否定。在现实生活中,有许多大学生加入虚拟购物的人群行列,他们经常去网上商场购买自己所需的商品。

(2)虚拟大学。1996年11月,哈尔滨工业大学的6名博士生利用互联网选修美国锡拉丘兹大学(Syracuse)的课程并获得了该大学颁发的课程结业证书。美国新闻媒体认为这是基于互联网实施虚拟教育计划颁发的第一批结业证书。在当代中国,虚拟大学即网络远程教育正蓬勃发展。这进一步拓展了这一新的生存方式。

2. 网络对大学生交往方式的影响　交往是人的社会本性,社会越发展,人的交往就越频繁,而这种频繁的交往反过来又会促进人类文明的发展。从一定意义上而言,交往方式的发展是人类文明进步的重要标志之一。网络可以即时传递文字、声音和图像,对大学生的交往方式产生了较大的影响。这种影响主要表现在以下方面。

（1）交往主体身份的虚拟性。在传统的交往中,人们主要是通过面孔来识别身份。而在网络条件下,人们身份识别的主要依据是不同的数字化符号。虽然大学生在网络聊天中主要是和朋友联系,但在网上呈现出来的身份仍然是特定的数字化符号。

（2）交往对象的广泛性。现实生活中,由于各种原因的制约,大学生的交往对象较为有限。而在网络上,由于身份的虚拟,他们的交友对象范围扩大了,有的大学生甚至因为外语水平高而和外国朋友建立了友谊。

（3）交往话题的多样性。由于网络的匿名性、平等性和开放性,大学生可以在网上大胆地倾吐自己的内心隐秘,说出自己内心的压力、抑郁和苦闷。与此同时,他们还可以和网友就各种感兴趣的问题展开交流和讨论。

（4）交往语言的丰富性。在大学生的网上交流中,由于数字化技术的介入,传统的语言逻辑被改变,语言的信息性、符号性特征越来越突出,甚至可以说达到了登峰造极的程度,大量的符号被转借和移用,极大丰富了现代语言系统。

3. 网络对大学生思维方式的影响　思维是人们对客观事物的间接的、概括的反映。思维过程就是思考的过程。思维方式是指思维的诸要素、诸层次的相互联系、相互作用而构成的思维样式,是思维主体反映、认识和把握思维客体的定型化、稳定化的理性认识方式。简言之,思维方式就是思考问题的模式,即按一定的方法和程序把思维的诸要素结合起来以解决问题的相对稳定的思维运行模式,它包括人们理解和认识事物,以及确立目标、选择手段、做出评价方式的方法。

网络的出现和发展,导致大学生思维方式的转变,即网络化思维方式。所谓"网络化思维",就是人们在网络化时代背景或网络空间里的思维方式。"网络化思维"一般来说有广义和狭义之分。广义的网络化思维则是指思维的一种状态和方式,如同网络结构和空间分布,具有明显的网络特征;狭义的网络化思维是指利用以计算机为核心的信息网络作为支撑的人机结合的思维方式。概括而言,网络化思维具有三个显著特点:一是一种系统思维方式;二是去中心化的思维方式;三是渗透着网络技术特征的思维方式。在网络化思维方式的影响下,当代大学生的开放意识、竞争意识、平等意识等现代意识将更加强烈。

二、大学生网络思想政治教育的施行主体

(一)大学生网络思想政治教育施行主体的重要意义

明确大学生网络思想政治教育施行主体的成分,对大学生网络思想政治教育施行主体的构成进行限定,具有积极的意义。一般而言,其意义突出表现在以下方面。

1. 推动大学生网络思想政治教育的实践发展　对于开展大学生思想政治教育,过去人们通常把它视作高校政治理论课教师一家的事情。虽然过去很多时候也强调要把各种力量和各方面积极性充分调动起来一起搞好大学生思想政治教育,但由于诸多原因,主要是受时间和空间条件的制约,因此,这一思想在实践中很难得以落实。网络出现以后,越来越多的大学生成为网络用户。但是,过去很多时候,一方面主要是从技术层面上来认识网络;另一方面对开展大学生网络思想政治教育的问题重视不够,所以很多时候人们把进行大学生网络思想政治教育仅仅看成学校网站工作人员的事情,对其他各种力量特别是对于长期从事政治理论课教学的教师的力量未能给予必要的重视。这较之于原有的关于开展大学生思想政治教育的依靠力量的认识在某种意义上来说是一种退步。

事实上,无论是大学生思想政治教育还是大学生网络思想政治教育,它的有效开展不能仅仅依靠一方的力量,它需要各种力量和各方面因素协同一致、齐抓共管。就开展大学生网络思想政治教育而言,网络的发展和网络化校园的逐步形成,突破了以往时间和空间的制约,为各种力量和各方面积极因素参与大学生网络思想政治教育提供了有利的条件。只有在实践中把各种力量和各方面积极因素凝聚起来,才能形成大学生网络思想政治教育校园"大思政"的局面,推进大学生网络思想政治教育实践的发展。

2. 解决大学生网络思想政治教育的实践问题　新时期大学生网络用户中的思想问题大都与实际问题密切相关,许多思想问题的产生是由于实际问题得不到解决而引起的。因此,大学生网络思想政治教育必须把解决思想问题与解决实际问题有机结合起来,把宣传引导大学生与热情服务大学生有机结合起来,要多办一些得人心、暖人心、稳人心的实事和好事。只有在大学生网络思想政治教育实践中,多办实事和好事,才能增强大学生网络思想政治教育的说服力。

在实践中,对大学生进行一般性的教育和引导是大学生网络思想政治教育施行主体中的组织者、实施者和相关实践活动中把关人的长项。但是,对于大学生实际问题的解答和解决,诸如食堂饭菜价格、学生住宿问题等,则需要学校的相关职能部门来加以解答和解决。网络传播主体的匿名性和传播速度的快捷性,容易使一般的问题演变成全局性的问题。如果对大学生的实际问题或实际困难不及时进行解答和解决,有可能造成较为严重的负面影响。为了将解决思想问题与解决实际问题有机结合起来,为了对大学生进

行积极的教育和引导,必须根据客观条件将各种力量和各方面积极因素有效地吸纳进大学生网络思想政治教育的施行主体队伍中来。

3. 实现大学生网络思想政治教育的实践效果　众所周知,人的正确思想品德的培育是一项长期而又较为复杂的系统工程。主要原因有两个方面:一方面,人的正确思想品德的形成需要经过外化与内化两个阶段;另一方面,在人的正确思想品德的形成与发展过程中,人所受到的外界因素的影响和干扰也是较大的。因此,在大学生网络思想政治教育实践中,需要对大学生进行长期的、多方面的教育与引导,才能取得较好的教育效果。

将校园网站管理人员、思想政治理论课教师、计算机公共课教师、学生辅导员队伍和学校行政、党务管理人员以及学生积极分子纳入大学生网络思想政治教育施行主体队伍,在很大程度上讲也正是出于这样一种思考。①将计算机公共课教师纳入施行主体队伍,有利于在对大学生进行计算机相关知识教育时从一开始就使他们树立起良好的网络道德及网络意识。②将校园网站管理人员和思想政治理论课教师纳入施行主体队伍,有利于在网络上对大学生进行相关思想政治教育知识的教育。③将所有人员特别是将学生辅导员队伍和学生积极分子纳入施行主体队伍,有利于在大学生的具体网络实践中对他们在实践中产生的各种思想问题和不道德行为进行及时的引导。④将学校行政、党务管理人员纳入施行主体队伍,有利于较好地解决大学生所面对的各种实际问题,防止个别的实际问题最终演化成为关系全局的思想问题。各项措施贯穿始终,才能取得大学生网络思想政治教育的良好成效。

(二)大学生网络思想政治教育施行主体的基本素质

大学生网络思想政治教育施行主体要担负起进行大学生网络思想政治教育的重任,必须具备一定的素质。这是大学生网络思想政治教育施行主体进行网络思想政治教育活动的内在条件。概括地说,这些素质既包括相应的基本意识,又包括其他各项素质特别是还包括运用网络进行大学生网络思想政治教育的相关能力。

1. 大学生网络思想政治教育施行主体应具备的意识　随着信息化、网络化的迅猛发展,大学生网络思想政治教育施行主体应具备以下基本意识。

(1)网络主体的意识。网络传播主体的虚拟性和传播范围的开放性等特点决定了网络交流中的交流双方或多方的地位都是平等的。这决定了大学生网络思想政治教育施行主体的地位要发生变化。在网络面前,不仅施行主体与接受主体之间的信息接收内容和过程是平等的,甚至可能出现施行主体所掌握的内容不及接受主体的文化"反哺"现象,从而对施行主体的权威地位带来冲击。

因此,大学生网络思想政治教育施行主体应改变以"权威"自居、居高临下的角色观念,树立民主化观念,尊重接受主体的主体意识,把接受主体摆在与自由交流、互动的同一平台上,注意用启发式、参与互动式、讨论式、对话式的工作方式,以平等、诚恳的姿态与接受主体展开交流,耐心启发并积极引导接受主体,做接受主体的良师益友,从而增强大学生网络思想政治教育的亲和力。施行主体要有效地发挥作用,优化网络环境,利用网络开展丰富多彩的思想政治教育活动,提高接受主体的道德判断力、自我控制能力,最终使他们能够实现自我管理。

(2)网络法治的意识。人们对信息网络化问题的基本方针是积极发展、加强管理、趋利避害、为我所用,努力在全球信息网络化发展中占据主动地位。可见,国家对网络法治建设是何等的重视。大学生网络思想政治教育施行主体只有在政府加强立法管理的基础上牢固树立起网络法治意识,才能有效地对大学生进行网络法治教育和网络道德教育,引导他们自觉遵守网络道德规范。

(3)网络资源的意识。寻找丰富的教育信息资源,获取、整理、分析这些信息资源是开展大学生思想政治教育最基础的工作,这就要求施行主体必须具有信息资源意识。互联网是一个较大的信息资源库,它给人们带来的信息资源以及传递信息的方式、速度等都是传统媒体无法相比的,从因特网上获取信息资源所付出的时间、精力和金钱等也是传统媒体无法相比的。在网络社会,获取信息和利用信息是教育对施行主体的基本要求,因为教育的过程实际上就是信息处理的过程。

(4)网络教育的意识。网络不仅改变了人们的生活方式和经济模式,也彻底改变了传统的教育模式。正确地使用网上信息不但可以拓宽学生的视野,还能激发学生的学习热情,使学生在求知中创新。但也应该看到,网络教育中学生学习行为的主动性、交互性和创造性的发挥,是以具备一定的网络运用能力和学习动力为前提的。因此,每个大学生网络思想政治教育施行主体必须树立起网络教育意识。

2. 大学生网络思想政治教育施行主体应具备的素质 大学生网络思想政治教育施行主体要教育别人,除了必须具备相应的意识,还必须具备过硬的政治素质、良好的身心素质等基本素质以及运用网络进行大学生思想政治教育的相应能力。大学生网络思想政治教育施行主体只有具备了这些相应的素质和能力,才能担负起进行大学生网络思想政治教育的重任。大学生网络思想政治教育施行主体的基本素质要求主要有以下内容。

(1)坚定的政治素质。坚定的政治素质是大学生网络思想政治教育施行主体发挥其影响力的重要基础。所谓政治素质,是指政治立场、政治观点、理论水平和政治水平等的总和。坚定的政治素质主要包括以下方面的内容。

1)坚定正确的政治信仰。大学生网络思想政治教育具有很强的党性和阶级性,它要求施行主体必须具备坚定的政治信念,即始终坚信社会主义必然战胜资本主义并最终实现共产主义的信念,在任何复杂的形势下,旗帜鲜明地站在无产阶级党性原则立场上,从思想上、政治上、行动上与党中央保持高度一致。

2)较高的马克思主义理论水平和政策水平。施行主体没有一定的理论水平,看问题就不能站在一定的高度,容易就事论事,只能做一些零碎的、静止的表述,或将客观事实做出不正确的甚至无意中歪曲的传播。在提高自身理论水平的同时,施行主体必须在掌握马克思主义的基本原理精神实质的基础上,善于运用其立场、观点和方法来分析、研究新情况、解决新问题。

3)较高的政治水平。政治水平主要指政治鉴别力和政治敏锐性。只有具有较高的政治水平,施行主体才能从政治的高度、大局的高度认识大学生网络思想政治教育的重大使命、分析上网大学生思想意识领域的发展趋势以及区分上网大学生思想意识领域的一些具体的矛盾性质。

（2）高尚的品德素质。高尚的品德素质是大学生网络思想政治教育施行主体必须拥有的基本素质。只有具备了这一素质,施行主体才能把握大学生网络思想政治教育中道德关系的本质,才能从理性的高度指导和评价自己或接受主体的道德行为,才能对大学生网络思想政治教育中的现象、关系和行为做出道德的分析和判断,才能积极地推动接受主体道德行为的完成和良性持续的发展。在网络教育空间里,高尚的品德素质突出体现在以下方面。

1)必须树立正确的人生观。即必须树立全心全意为人民服务的人生观。只有树立起了这样的人生观,施行主体才能在认清大学生网络思想政治教育的价值目标之后充分发挥自己的聪明才智去创造性地做好自己的本职工作。

2)必须具有高尚的思想品德。即必须确立无产阶级的思想品德,它突出表现为毫不利己、专门利人、先公后私、公而忘私的精神。只有树立起了这样的思想品德,施行主体才能在实践中真正做到热爱科学、崇尚真理,热爱学生,全心全意为学生服务,也才能真正做到把解决接受主体的思想问题与实际问题有机地结合起来。

3)必须发扬民主,平等待人。在网上,大学生网络思想政治教育施行主体只有以普通网民的身份出现,虚心待人,谨慎处事,才能为接受主体所认可、所接受,教育工作才能顺利进行;反之,如果施行主体骄傲自负,盛气凌人,接受主体就会敬而远之,教育工作就有可能无法开展。

（3）广博的知识素质。广博的知识结构能使思想政治教育者运用多学科知识从整体上研究思想政治教育学的理论,这在网络思想政治教育空间里必能得到更加充分地体现和证实。在网上,大学生网络思想政治教育施行主体一无声音优势,二无形象优势,靠的是停留在屏幕终端的内容和经营网站的诚意、智趣来吸引大学生。这就要求施行主体应该有一个比较广泛的知识面,除了电脑的应用,还应该了解社会学、心理学、经济学等多方面的知识,只有知识面广,才能在众多的信息中取舍、编辑、选择出有价值的材料,满足不同大学生的不同信息需求。

（4）良好的身心素质。身心素质是指大学生网络思想政治教育施行主体从事思想政治教育工作过程中各种生理因素和心理因素的总和。所谓健康,原本是相对于无疾病和虚弱状态而言的,而现代医学对健康提出了更高的要求。大学生网络思想政治教育施行主体必须具备良好的身体健康素质和心理健康素质,具体如下。

1)身体素质。对于施行主体的生理健康素质而言,除了应该具备一般人体的神经系统、运动系统、呼吸系统、消化系统、循环系统、内分泌系统、泌尿生殖系统等的基本健康水准以外,特别是人的大脑和各种感觉器官、运动器官的机能应该经过营养、锻炼、保健等环境因素的作用,达到比正常人更高的健康标准。

2)心理素质。心理素质就是人在认知、情感、意志等三个心理活动中,经过自身的长期修养所形成的经常的、稳定的基本心理品质。心理素质包括:①首先是强烈的事业心和政治责任感。这是大学生网络思想政治教育施行主体做好工作的前提。②其次是坚强的意志。意志是施行主体调节自己的行为,克服各种困难,积极完成本职工作的心理过程。③最后是决策的果断性。就是在处理问题时速度快、能量大、效果好,能做到令行禁止、扬抑得当。

第二节 网络传播与大学生思想政治教育

一、网络平台是大学生思想政治教育的新载体

随着互联网技术的飞速发展,网络平台已经成为大学生获取信息、交流互动和学习生活的重要空间。习近平总书记指出:"人在哪儿,宣传思想工作的重点就在哪儿,网络空间已经成为人们生产生活的新空间,那就也应该成为我们党凝聚共识的新空间。"因此,网络平台作为大学生思想政治教育的新载体,具有重要的时代意义和实践价值。

(一)大学生思想政治教育的在线教学平台

随着互联网技术的飞速发展,在线教学平台已成为教育领域的重要组成部分。思想政治教育作为高校教育的重要内容,也借助在线教学平台获得了新的发展契机。在线教学平台以其丰富的教学资源、灵活的学习方式和强大的互动功能,为大学生思想政治教育提供了广阔的空间和全新的路径。思想政治教育需要与时俱进,充分利用在线教学平台的优势,探索新的教育路径和方法。

在线教学平台是通过互联网技术整合教学资源、提供教学服务的网络平台。它突破了传统课堂教学的时空限制,为学生提供了更加灵活、便捷的学习方式。在线教学平台不仅能够承载丰富的教学内容,还能通过多种互动功能增强师生之间的交流与合作。

1. 在线教学平台的特点

(1) 资源丰富。在线教学平台可以整合文字、图片、视频、动画等多种形式的教学资源,为学生提供多样化的学习材料。

(2) 形式多样。支持在线课程、专题讲座、互动讨论、虚拟实验室等多种教学形式,满足不同学生的学习需求。

(3) 互动性强。通过在线问答、讨论区、直播互动等功能,增强师生之间的互动性,提高学生的学习积极性。

(4) 个性化服务。用大数据分析,平台可以根据学生的学习习惯、兴趣爱好和学习进度,提供个性化的学习资源和推送服务。

(5) 时空灵活性。学生可以根据自己的时间和进度安排学习,不受传统课堂时间和空间的限制。

2. 在线教学平台在大学生思想政治教育中的应用现状　　近年来,随着互联网技术的普及和在线教育的发展,越来越多的高校开始利用在线教学平台开展思想政治教育。以下是一些常见的应用形式和实践案例。

(1) 在线课程建设。许多高校通过在线教学平台开设了丰富的思政课程,如《马克思主义基本原理》《毛泽东思想和中国特色社会主义理论体系概论》《思想道德与法治》等。这些课程不仅提供了完整的教学视频、课件和讲义,还设置了在线测试、作业提交和答疑环节,方便学生自主学习。例如,某高校通过在线教学平台开设了"思政微课"系列课程,将抽象的思政理论转化为生动的案例讲解,增强了学生的学习兴趣。

(2) 专题讲座与微课。除了传统的思政课程,一些高校还利用在线教学平台开展专题讲座和微课。例如,邀请专家学者围绕时事热点、红色文化、心理健康等主题进行讲座,通过短视频的形式推送"思政微课",帮助学生更好地理解思政教育内容。某高校通过在线教学平台开设了"红色文化"专题讲座,邀请党史专家在线讲解革命历史,增强了学生的爱国情怀。

(3) 虚拟现实与增强现实技术的应用。部分高校利用虚拟现实(virtual reality,VR)和增强现实(augmented reality,AR)技术,开发了沉浸式的思政教育体验项目。例如,通过 VR 技术重现历史场景,让学生身临其境地感受重大历史事件;利用 AR 技术展示红色文化遗址,增强学生对革命文化的感性认识。某高校通过 VR 技术开发了"红色文化之旅"项目,学生可以通过虚拟现实设备"参观"革命纪念馆,增强对革命历史的理解和认同。

(4) 在线讨论与互动。在线教学平台的互动功能为思政教育提供了良好的交流环境。教师可以通过在线讨论区、直播互动等方式,与学生实时交流,解答学生的疑问,引导学生思考。例如,某高校通过在线教学平台开展"思政微课堂"活动,定期发布思政教育主题,鼓励学生在讨论区发表自己的观点和看法,教师及时给予反馈。

3. 在线教学平台在大学生思想政治教育中的优势

（1）资源丰富与形式多样。在线教学平台能够整合多种教学资源，打破传统课堂的时空限制。通过文字、图片、视频、动画等多种形式，将抽象的思政理论转化为生动的场景体验，增强教育的吸引力和感染力。例如，利用虚拟现实（VR）技术重现历史场景，可以让学生身临其境地感受重大历史事件，增强对思政教育内容的理解和认同。

（2）互动性强。在线教学平台的互动功能为师生提供了平等交流的环境。学生可以通过弹幕、评论、私信等方式随时表达自己的观点和疑问，教师也能及时给予反馈。这种互动性不仅增强了学生的参与感，还能够根据学生的反馈调整教育内容和方式，提高教育的针对性。例如，通过在线讨论区，教师可以引导学生围绕时事热点展开讨论，及时纠正学生的错误观点，增强思政教育的实效性。

（3）个性化与精准推送。利用大数据分析，平台可以根据学生的学习习惯、兴趣爱好和学习进度，提供个性化的学习资源和推送服务。这种个性化服务能够更好地满足学生的多样化需求，提高思政教育的吸引力和实效性。例如，平台可以根据学生的浏览记录和学习行为，推送相关的思政教育内容，帮助学生更好地理解和掌握思政知识。

（4）时空灵活性。在线教学平台突破了传统课堂教学的时空限制，学生可以根据自己的时间和进度安排学习，不受传统课堂时间和空间的限制。这种灵活性为学生提供了更加自主的学习方式，能够更好地适应不同学生的学习需求。例如，学生可以在课余时间通过手机或电脑登录在线教学平台，方便快捷地观看思政课程视频，完成在线作业和测试。

4. 在线教学平台在大学生思想政治教育中的实践路径

（1）加强在线课程建设。高校应注重在线思政课程的质量和多样性，结合学生需求和时代特点，打造具有吸引力和感染力的教育内容。例如，通过虚拟现实（VR）技术重现历史场景，开发沉浸式的思政教育体验项目。同时，利用大数据技术，精准推送个性化内容，满足不同学生的成长需求。

（2）创新教育内容和形式。结合在线教学平台的特点，高校可以将思政教育内容与文化活动、社会热点相结合，推出系列短视频、微电影、网络直播等。例如，通过红色文化主题直播，带领学生"云参观"革命纪念馆；通过网络文化节，展示学生的创意作品。此外，利用虚拟现实技术重现历史场景，让学生身临其境地感受历史事件。

（3）培养网络素养。网络素养是大学生思想政治教育的重要内容之一。高校应开设专门的网络素养课程，教育学生正确使用网络，提高信息甄别能力和网络安全意识。同时，通过模拟网络环境，开展网络道德教育和法律教育，引导学生文明上网。例如，某高校通过网络素养课程，教育学生如何辨别网络谣言，提高网络信息的甄别能力。

（4）强化互动与反馈。教师应充分利用在线教学平台的互动功能，与学生保持密切沟通。通过在线讨论、问卷调查等方式，及时了解学生的思想动态，调整教育策略。此外,高校可以建立网络思政教育反馈机制,鼓励学生提出意见和建议,共同优化教育内容。例如,某高校通过在线教学平台的讨论区,引导学生围绕时事热点展开讨论,教师及时给予反馈,增强思政教育的实效性。

(5)构建协同育人机制。网络思政教育需要多方协同发力。高校应与政府、网络平台、家庭等共同构建育人共同体。政府可以通过政策法规加强对网络环境的监管,平台可以提供技术支持和内容审核,家庭可以通过家校联动加强对学生的引导。例如,某高校通过与网络平台合作,共同开发思政教育内容,增强思政教育的吸引力和影响力。

5. 在线教学平台在大学生思想政治教育中面临的挑战

(1)学生参与度不足。部分学生对在线学习的积极性不高,互动功能使用率较低。这可能是因为在线学习缺乏面对面交流的氛围,学生容易感到孤独和缺乏动力。此外,部分学生可能对在线教学平台的操作不够熟悉,影响了他们的学习体验。例如,某高校在线教学平台的互动区参与度较低,学生对在线课程的反馈较少。

(2)教学内容同质化。部分高校在网络思政教育中存在内容单一、形式雷同的问题,难以满足学生的多样化需求。这可能导致学生对思政教育产生抵触情绪,降低教育的吸引力。例如,一些在线思政课程的内容和形式过于传统,缺乏创新性和吸引力。

(3)技术问题。网络不稳定、平台卡顿等技术问题会影响学生的学习体验。这些问题可能导致学生在观看视频、参与讨论时遇到困难,从而降低他们的学习积极性。此外,部分高校可能缺乏专业的技术团队来维护在线教学平台,影响平台的稳定性和安全性。例如,某高校在线教学平台在高峰时段经常出现卡顿现象,影响了学生的学习体验。

(4)信息环境复杂。存网络上的信息良莠不齐,在大量的虚假信息、不良价值观和网络谣言。这些信息可能对大学生的思想产生误导,影响思政教育的效果。例如,一些网络平台上存在虚假的历史信息和错误的价值观,可能误导学生。网络的匿名性和开放性使得监管难度较大,不良信息难以完全杜绝。例如,一些网络平台上存在不良言论和虚假信息,高校难以对其进行有效监管。部分学生缺乏网络素养,对网络信息的甄别能力不足,容易受到不良信息的影响。例如,一些学生可能无法辨别网络上的虚假信息,从而受到误导。

(5)教师网络素养不足。部分教师对在线教学平台的技术运用能力不足,无法充分利用平台的优势开展思政教育。例如,一些教师可能不熟悉如何使用虚拟现实(VR)技术、直播互动功能等,导致思政教育内容和形式单一。部分教师缺乏网络教育经验,无法有效引导学生进行在线学习。例如,一些教师可能不熟悉如何通过在线讨论区引导学生讨论,导致学生参与度低。部分教师在思政教育内容的创新方面不足,无法结合时代特点和学生需求开发具有吸引力的教育内容。例如,一些教师可能只是简单地将传统课堂内容搬到线上,没有结合在线教学平台的特点进行内容创新。

6. 应对策略

（1）提升学生参与度

1）增强互动性。教师应充分利用在线教学平台的互动功能，与学生保持密切沟通。通过在线讨论、问卷调查等方式，及时了解学生的思想动态，调整教育策略。例如，通过在线讨论区，教师可以引导学生围绕时事热点展开讨论，及时纠正学生的错误观点，增强思政教育的实效性。

2）设计多样化学习任务。设计小组讨论、在线作业、项目式学习等形式地学习任务，提高学生的参与度和学习积极性。例如，通过小组讨论任务，鼓励学生积极参与讨论，增强团队合作能力。

3）提供学习激励机制。提供积分奖励、荣誉证书等激励机制，鼓励学生积极参与在线学习。例如，通过积分奖励机制，学生可以通过完成学习任务获得积分，积分可以兑换荣誉证书或奖品，增强学生的学习积极性。

（2）优化教学内容

1）结合时代特点和学生需求。高校应注重思政教育内容的质量和多样性，结合学生需求和时代特点，打造具有吸引力和感染力的教育内容。例如，通过虚拟现实（VR）技术重现历史场景，开发沉浸式的思政教育体验项目。同时，利用大数据技术，精准推送个性化内容，满足不同学生的成长需求。

2）创新内容形式。结合在线教学平台的特点，高校可以将思政教育内容与文化活动、社会热点相结合，推出系列短视频、微电影、网络直播等。例如，通过红色文化主题直播，带领学生"云参观"革命纪念馆；通过网络文化节，展示学生的创意作品。此外，利用虚拟现实技术重现历史场景，让学生身临其境地感受历史事件。

3）开发个性化内容。利用大数据分析，平台可以根据学生的学习习惯、兴趣爱好和学习进度，提供个性化的学习资源和推送服务。这种个性化服务能够更好地满足学生的多样化需求，提高思政教育的吸引力和实效性。

（3）推动教师与学生的技术能力建设

1）教师技术培训计划。定期举办教师技术培训，内容包括平台操作、互动工具的使用、在线课堂管理等，确保教师在开课前具备必要的技术能力。

2）学生技术支持与辅导。搭建学生技术支持平台，提供在线咨询和技术指导服务，定期举办技能培训班，提升学生的数字素养。

（二）大学生思想政治教育的社交媒体平台

随着互联网技术的飞速发展，社交媒体平台已经成为人们日常生活中不可或缺的一部分。它不仅改变了人们的信息获取方式，也深刻影响了大学生的思想观念和行为模式。思想政治教育作为高校教育的重要组成部分，需要与时俱进，充分利用社交媒体平台的优势,探索新的教育路径和方法。

社交媒体平台是指通过互联网技术实现用户生成、分享、交流信息的网络平台。它包括微博、微信、抖音、B站等多种形式,具有强大的信息传播能力和用户互动性。

1. 社交媒体平台特点

(1)传播速度快、范围广。社交媒体平台能够迅速传播信息,形成广泛的传播效应。通过点赞、转发、评论等功能,信息可以在短时间内覆盖大量用户。

(2)互动性强。用户可以通过评论、私信、投票等多种方式与其他用户和信息发布者进行互动,增强参与感和交流性。

(3)内容形式多样。支持文字、图片、视频、直播等多种形式的内容呈现,能够满足不同用户的需求。

(4)贴近用户生活。社交媒体平台的内容多与用户的生活实际密切相关,具有较高的亲和力和吸引力。

2. 社交媒体平台在思想政治教育中的应用现状　近年来,随着社交媒体的普及,越来越多的高校开始利用社交媒体平台开展思想政治教育。以下是一些常见的应用形式和实践案例。

(1)微信公众号。许多高校通过微信公众号开设了"思政微课堂""红色文化""心理健康"等专题栏目,定期发布思政教育内容。例如,某高校通过微信公众号推送"红色故事我来讲"系列文章,鼓励学生分享自己对红色文化的理解和感悟。同时,通过评论区互动,教师可以及时引导学生讨论,增强思政教育的实效性。

(2)微博。微博作为一个开放性强、传播速度快的平台,被广泛应用于高校思政教育。高校可以通过官方微博发布时事热点解读、政策宣传等内容,引导学生形成正确的价值观。例如,在重大社会事件发生时,高校官方微博可以第一时间发布权威解读,帮助学生正确理解事件背后的意义。

(3)抖音。抖音以其短视频的形式吸引了大量年轻用户。高校可以通过抖音发布"正能量故事""红色文化"等系列短视频,以生动有趣的形式传递思政教育内容。例如,某高校通过抖音开展"红色故事我来讲"短视频征集活动,鼓励学生用短视频分享红色故事,增强对革命文化的认同感。

(4)B站。B站以其丰富的文化内容和年轻用户群体,成为高校思政教育的新阵地。高校可以通过B站发布思政教育相关的动画、纪录片等内容,以生动的形式吸引学生关注。例如,某高校通过B站发布"思政微课"系列动画,将抽象的思政理论转化为生动的动画故事,增强学生的理解。

3. 社交媒体平台在思想政治教育中的优势

(1)传播速度快、范围广。社交媒体平台能够迅速传播信息,形成广泛的传播效应。通过点赞、转发、评论等功能,思政教育内容可以在短时间内覆盖大量学生。例如,在重大社会事件发生时,高校可以通过官方微博第一时间发布权威解读,帮助学生正确理解事件背后的意义。

(2)互动性强。社交媒体平台的互动功能为师生提供了平等交流的环境。学生可以通过评论、私信等方式随时表达自己的观点和疑问,教师也能及时给予反馈。这种互动性不仅增强了学生的参与感,还能够根据学生的反馈调整教育内容和方式,提高教育的针对性。例如,通过微博评论区,教师可以引导学生围绕时事热点展开讨论,及时纠正学生的错误观点。

(3)内容形式多样。社交媒体平台支持文字、图片、视频、直播等多种形式的内容呈现,能够满足不同学生的需求。例如,通过抖音发布"正能量故事"短视频,通过微信公众号推送"红色文化"专题文章,通过B站发布"思政微课"动画,以多样化的形式增强思政教育的吸引力。

(4)贴近学生生活。社交媒体平台的内容多与学生的生活实际密切相关,具有较高的亲和力和吸引力。高校可以通过社交媒体平台发布贴近学生生活的思政教育内容,增强学生的认同感和参与度。例如,通过微博发布校园生活中的正能量故事,通过抖音分享学生的校园生活点滴,增强思政教育的亲和力。

4. 社交媒体平台在思想政治教育中的实践路径

(1)打造多样化的内容形式。高校应结合社交媒体平台的特点,打造多样化的内容形式,增强思政教育的吸引力。例如,通过抖音发布"正能量故事"短视频,通过微信公众号推送"红色文化"专题文章,通过B站发布"思政微课"动画。同时,结合时事热点和社会事件,发布权威解读和评论,引导学生形成正确的价值观。

(2)增强互动性。教师应充分利用社交媒体平台的互动功能,与学生保持密切沟通。通过在线讨论、问卷调查等方式,及时了解学生的思想动态,调整教育策略。例如,通过微博评论区,教师可以引导学生围绕时事热点展开讨论,及时纠正学生的错误观点。同时,高校可以建立网络思政教育反馈机制,鼓励学生提出意见和建议,共同优化教育内容。

(3)提高网络素养。网络素养是大学生思想政治教育的重要内容之一。高校应开设相关课程,教育学生正确使用社交媒体平台,提高信息甄别能力和网络安全意识。

(4)构建协同育人机制。网络思政教育需要各方共同努力。高校应与政府、网络平台、家庭等共同构建育人共同体。例如,政府可以通过政策法规加强对网络环境的监管,平台可以提供技术支持和内容审核,家庭可以通过家校联动加强对学生的引导。

5. 社交媒体平台在思想政治教育中面临的挑战

(1)信息环境复杂。网络上的信息良莠不齐,存在大量的虚假信息、不良价值观和网络谣言。这些信息可能对大学生的思想产生误导,影响思政教育的效果。因此,高校需要加强对网络信息的监管,引导学生正确使用网络。

(2)学生网络依赖。部分学生过度依赖网络,沉迷于虚拟世界,影响正常的学习和生活。这种依赖可能导致学生对现实世界的关注减少,削弱思政教育的现实影响力。因此,高校需要引导学生合理使用网络,避免沉迷。

(3)内容同质化。部分高校在使用网络社交媒体进行思政教育时形式单一,难以满足学生的多样化需求。这可能导致学生对思政教育产生抵触情绪,降低教育的吸引力。例如,一些高校的微信公众号内容多为简单的文字推送,缺乏创新性和吸引力。

(4)监管难度大。网络的匿名性和开放性使得监管难度较大,不良信息难以完全杜绝。因此,高校需要与政府、网络平台共同合作,建立健全的网络监管体系,加强对网络信息的审核和管理。

6.应对策略

(1)加强内容建设。高校应注重思政教育内容的质量和多样性,结合学生需求和时代特点,打造具有吸引力和感染力的教育内容。例如,通过虚拟现实(VR)技术重现历史场景,开发沉浸式的思政教育体验项目。同时,利用大数据技术,精准推送个性化内容,满足不同学生的成长需求。

(2)提升教师网络素养。教师是网络思政教育的关键力量。高校应加强教师的网络素养培训,提升他们运用新媒体技术的能力,使其能够更好地引导学生。例如,通过培训教师掌握短视频制作、直播互动技巧等,增强思政教育的吸引力和感染力。

(3)优化网络环境。政府和网络平台应加强对网络信息的监管,打击不良信息和网络谣言,营造健康清朗的网络环境。高校可以通过技术手段,如内容过滤、关键词屏蔽等,减少不良信息的传播。同时,高校应与网络平台合作,建立健全的网络监管体系,加强对网络信息的审核和管理。

(4)增强学生参与度。高校应通过多种方式增强学生的参与度,提高思政教育的实效性。例如,通过举办线上思政教育活动,如"红色故事我来讲"短视频征集活动、"思政微课"创作比赛等,鼓励学生积极参与。同时,通过互动功能,及时回应学生的反馈,增强学生的参与感和获得感。

二、网络传播视域下大学生思想政治教育有效性的提升

高校是大学生思想政治教育传播的主阵地,在网络传播环境下,如何借助新媒体实现"微思政、大传播;微传播、大效果"是值得探讨的课题。增强大学生思想政治教育的有效性,创新和改革是第一要务。应从大学生思想政治教育有效性发挥最大化的角度出发,优化大学生思想政治教育的相关措施,丰富大学生思想政治教育的理论依据,拓宽大学生思想政治教育的传播渠道,加强大学生思想政治教育的队伍建设,净化大学生思想政治教育的网络环境,借助传播新技术激发正功能、传播正能量,避免负功能和负能量,

切实发挥"互联网+"的创新驱动作用,探索"微思政"传播途径,构建"大思政"教育格局,进一步提升和增强大学生思想政治教育有效性。

(一)创新大学生思想政治教育传播理念

在传播领域中,传播技术和媒介形式在频度、规模、性能上大放异彩,对此进行深入分析、研究和实践离不开传播学理论的指导,从传播学理论中汲取丰富的理论滋养,同时,将传播学理论探讨和应用研究相融合,从前人取得的成果中获得诸多启示,联系实际反哺充实传播学理论,这是赋予传播学界的双重责任和任务。新形势下,大学生思想政治教育面临的发展、创新问题要从内在和外在两方面进行探索,既要从自身规律出发分析,也要从其他相关学科领域特别是传播学的理论和经验中借鉴,积极探索两者的共通点和契合点。

1. 加强"把关人"对思想政治教育的主导作用 "把关人"理论是传播学的基本原理,又称"守门人"理论。该理论认为传播者是传播活动的源头和"把关人",是传播学的重要概念。可以将"把关人"视为衡量信息规范与否的试金石,任何不规范的信息都会被"把关人"进行有效筛除。在网络媒体传播过程中,"把关人"理论颇具影响并广泛应用,能够通过"把关人"的严格要求成功到达受众感官中的,只是众多新闻素材中的少数。把关过程应该分为收集和加工两个阶段。收集者是信息的第一获取者。加工者是信息的再次编辑者,是信息传播的"把关人",他们的工作最具"守门"意义。

高校"把关人"要在网络传播环境下,通过各种网络媒介将符合社会主义核心价值的主流思想信息在内部进行及时加工、发布,并根据受众对传播信息的第一反应,将信息传播策略进行及时调整,做到信息传播过程中的"里应外合",让"把关人"控制信息的流量和流向,适时发挥主体引导作用,驱动群体舆论向正确方向发展,通过"里应"和"外合"两方面互补互促、借力发力,达到自己想要的传播宣传效果,加强"把关人"对大学生思想政治教育的主导作用。

2. 借鉴"传受关系"实现教育主客体的和谐 任何网络传播都是一种行为和心理互动的过程,都包含着"传播者"和"受众"两个要素。"传受关系"是在传播主体与受众客体之间的常规互动关系基础上形成的,是传播者和受众互动的产物,传授关系的正确与否直接影响信息的传播效果。新媒体传播少不了互动,但比互动更重要的是,传播者要站在受众的角度去了解他们"想要看、想要听、想要做"的动因,使其逐渐认同传播者的价值观和文化,使传播有用、有价值。因此,在新媒介传播环境中要塑造"自由、平等"的传受关系,建构主客体地位,优化传播路径,达到大学生思想政治教育主客体关系的和谐统一。

3. 借鉴"议程设置"提升主流文化思想教育 所谓"议程设置",是研究受众在媒介作用下的表层态度和行动以及深层认知思考的影响。简单地说就是通过媒介影响受众"想什么"和"怎么想",即议程设置是一个过程,它既能影响人们思考些什么问题,也能影响人们怎样思考。因此,不管是何种传播媒介,一般不能对人们看待某一件事或意见的具体看法产生决定性影响,但是可以通过提供的具有先后、主次顺序的相关信息或议题来引导人们去关注哪些事实和意见,它最为理想的结果就是使受众实现所预期的转变,尤其是实现受众思想认知和行为选择的双重转变。

议程设置与大学生思想政治教育二者之间紧密相关。在网络时代的大环境中,通过改变人们观察与思考问题角度的方式方法来影响大学生看待设置议题的态度和想法,变化虽是漫长的,但对大学生产生的思想政治引导效果却是持久的,这也正是网络媒介的议程设置思路。因此,高校传播者要充分结合议程设置功能自身的广泛性、自由性、衍生性、交互性等特点,通过网络进行有效"议程设置",不仅能够设置受众所关注的议题内容,及时准确地宣传主流文化以强化教育内容,还要就网络舆论对大学生"怎么想"进行合理引导,做法措施要体现"具体化、明确化、深入化",切实做到树立科学"三观"的内在一致性、出发点和落脚点上的一致性、选择信息和应用取向上的一致性。

4. 借鉴"沉默的螺旋"加强"意见气候"引导 "沉默的螺旋"理论,是传播学研究领域最具代表性的理论之一,其主要研究内容可概括为"大众舆论"与"个人从众心理"的关系。"沉默的螺旋"反映的正是因为个人害怕被集体孤立,而放弃发表不同于集体的意见,导致大众舆论形成的过程。"沉默的螺旋"是有社会控制性的。越来越依赖于网络传播而接受思想政治教育的高校大学生,在独自面对复杂网络信息、多样化传播空间,比如在校园论坛、群空间、微信群等信息庞杂、言论倾向多样的场所,大学生在从众的过程中往往会受到侵害。

高校思想政治教育工作者应及时依据"沉默的螺旋"假说做出正确引导,确立优势意见,进而引领积极的主流舆论的形成,那么,在信息传播过程中就需要"意见领袖"(舆论领袖)的出现。"意见领袖"的作用就在于在海量信息中对不良信息流的"早发现",从而对其动态流向进行预判,即分析舆论"说了什么""为什么说""如何说的""会怎么样",以争取足够多的时间对"怎么办"形成基本的判断和初步的结论,早做处理、正面引导,避免不良舆论态势的蔓延,同时,在一定程度上对受众需要接收的信息进行详细的阐释和评价,对受众的态度和行为进行导向和指点,最终实现预期的改变。

在网络传播中的网络意见领袖,可以是网络传播事件过程中的任何一个网络用户,所以,网络传播中的网络意见领袖,首先,必须是网络传播的积极参与者;其次,对网络传播事件有自己独特且具体的看法;最后,从开始就得到大多数网络用户的赞同,让受众不再有孤立感和自卑感,也没有排斥感和抵触感,进而提升自身的自信心和主动性。重视"沉默的螺旋"理论作用,加大对"意见气候"的引导将有助于提升大学生思想政治教育的有效性。

根据"沉默的螺旋"理论,"意见气候"是指公众对某一议题的普遍看法或态度的集合,它构成了个体认知与感知的基础。个体在表达意见之前,往往会先评估周围的"意见气候",判断自己的观点是否与多数意见一致,如果个体认为自己的观点属于少数派,可能会因害怕被孤立而选择沉默。因此,在网络传播和高校思想政治教育中,"意见气候"是影响个体意见表达和舆论形成的重要因素。通过引导形成积极的"意见气候",可以鼓励学生表达真实想法,减少因害怕被孤立而产生的沉默现象。

(二)提升大学生思想政治教育工作者的媒介素养

世界传播中的媒介素养教育应帮助人们形成正确的媒介观,让其言行举止适应整个社会发展的过程,媒介素养的高低对传播者和受众,乃至整个社会的发展影响重大。高校要培养大学生的媒介素养,必先提升教育者自身的媒介传播水平,建立健全高校教育工作者媒介专项能力。

1.提升传播者的媒介素养　思想政治教育工作者是思想政治教育内容的掌舵者,是信息采集、制作、把关以及发布的主导力量。网络媒介素养是人们了解网络媒介方式、分析网络媒介模式和利用网络媒介获取、创造信息的能力,可以概括为认知、解析和使用三个层面,强调传播主体对媒介信息的理解、运用和驾驭能力,在一定程度上关系到网络舆论的发展态势和传播质量。

因此,对全民网络媒介素养的提高至关重要,可以从家庭、媒介、朋辈和自我四个方面开展教育,进而达到增强舆论主体的责任意识、增强理性应对问题能力的目的。尤其是对高校思想政治教育工作者来说,首先,要与时俱进,在网络传播大环境下,要敢于打破传统教育理念,积极探寻大学生网络思想政治教育工作有效开展的方法;其次,要主动学习媒介知识和技术理论,结合校园传统媒介特点,创新思想政治教育方法、模式;再次,可邀请专业媒介专家、知名媒体人等对高校思想政治教育传播者进行专门的培训和训练;最后,实践是检验真理的试金石,要从思想政治教育活动中利用所学开展工作,尝试每种媒介产生的不同效果,并将感受和结论进行总结,为以后开展工作提供有效的经验借鉴。通过学习、实践、验证和巩固,努力成为"知识全、专业硬、技能强、素质高"的全能型思想政治教育工作者,健全和完善大学生思想政治教育队伍。

2.提升受教育者的媒介素养　在新媒体背景下,网络思政成为高校思想政治教育的重要阵地。对于当代大学生来说,必须在网络环境下不断提升和完善自身的网络媒介素养,努力成为网络传播信息的接受者、判断者、反馈者和传播者。具体措施如下。

(1)开设媒体素养教育课程。将媒体素养教育课程与高校学生培养计划相结合,能够很好地提高大学生的媒介素养,媒介素养教育课程可以作为必修课或选修课加入大学生教学计划中,同时通过多媒体向大学生普及媒介素养理论原理知识、媒介信息传播的技巧和方法等内容,从而让大学生具备全新的网络思维。此外,还可以邀请媒介素养方面的专家通过讲座的方式向大学生传递这方面的知识。

(2)发挥高校社团组织的作用。高校有着各种各样的学生社团,每个社团又会开展不同的活动,这里聚集了很多的大学生,因此也成了提高大学生媒介素养的主阵地之一。高校可以通过学生社团举办如班级博客大赛、网页设计大赛、App 软件主题设计比赛、微信公众号制作比赛、网络知识竞赛等与媒介素养相关的活动,并且将活动与社会时事和热点相结合,借助网络媒体让大学生进一步了解各种网络媒介,从而让大学生具备良好的网络媒介素养。

(3)发挥校园媒介资源和校外媒体从业人员的作用。一些校内媒介资源如校园网、校园电视、校园广播、指尖微校园和校园公众号等都可以成为高校传播媒介知识的途径,让大学生对媒介的功能、技巧、知识和特性有充分的了解,从而增加他们辨别网络媒体的能力,进一步理解信息的"解构—重组"。此外,高校还要与校外媒体从业人员开展积极的合作与沟通,增强与他们之间的联系。高校应大力邀请杂志、出版社、电视台、广告、网站、报刊等资深传媒从业人员来学校开展讲座,让大学生与他们进行沟通、交流,使大学生具备更广阔的媒介视野,能近距离地认识传媒,将最前沿、最直观的媒体资讯展现给学生,让媒体更加生活化和年轻化。

3.打造网络心理咨询专项团队 网络在给大学生带来丰富知识、全新理念和创新思维的同时,也对其行为模式、价值取向、心理发展、道德观念等产生较大冲击,造成这些心理问题的原因既有客观因素,也有主观因素。因此,高校在思想政治教育队伍的建设上应该适应时代发展的要求,有针对性地打造一批专项团队。

(1)建立一支解决大学生网络心理问题的心理辅导队伍。这支心理辅导队伍人员配置要多元化,包括专业的心理咨询师、思想政治教育工作者等。在保证大学生正常的学习、生活前提下,针对大学生存在的特殊心理、学习、生活、工作、感情和人际关系等方面的问题进行有效指导,及时疏通心理障碍。同时,对班级内的心理委员统一进行心理课程培训,使其能够深入了解班内学生的心理动态,及时发现、聚力疏导、以点带面,向辅导员及时反馈,避免学生因心理问题造成不良后果。通过采取各项有效措施,努力帮助广大学生用合理、健康、积极的方式应对挫折,面对社会和生活的挑战。

(2)建立一支解决大学生网络行为问题的"意见领袖"队伍。通过各项专业技能和媒介素养的层层考核,选拔出一批优秀的人员应对和解决大学生网络行为问题,这支队伍的组成既可以是经过专业培训的优秀学生骨干,也可以是具有相关专业技能的教师,在各类网络事件发生时能够充分发挥"意见领袖"的主流引导作用。

(三)打造清朗网络空间,优化网络环境

网络的社会化和社会的网络化正日益成为共识性的认知,可见,网络已融入全社会乃至每个人的日常生活中,特别是网络舆论所表达的态度、观点、情绪和意见都实实在在映射出现实社会的政治、经济和文化。

1. 重视"把关人",净化网络环境　　在高校,思想政治教育传播的文化内容主要是传播人类的文化思想,通过高校教师这一传播者来进行传播,传播者的思想朝向和引导直接关系到传播效果的质量。

2. 健全管理制度,保障网络安全　　高校必须采取一系列措施加强校园网络主阵地的网络监管力度,建立规范性的制度和网络突发事件预防机制,为大学生提供安全的网络环境,使大学生自觉养成正确的网络道德观念,约束大学生自身的网络传播行为。同时,建立健全校园网络媒体中心工作人员及各二级学院媒体部门人员的专业培训机制等。网络安全是一项系统性的工作,需要各部门整体协调配合,将专业技术和专业管理有机结合。在层层的监管制度规范下,确保大学生思想政治教育传播取得良好效果,也能通过这些举措切实让管理制度在网络传播中发挥等同法律功效的"隐性"监管作用,达到制度效果的最优化。

第三节　大数据与大学生网络思想政治教育

伴随着网络信息技术的高速发展,网络应用无处不在、无时不有,海量数据爆炸式产生、爆发式增长,数据收集、处理与应用蓬勃发展,互联网时代同时也催生了大数据时代,大数据开启了一次重大的时代转型。大数据时代释放出的巨大价值使得选择大数据的理念和方法不再是一种权衡,而是通往未来的必然改变。新的时代背景下,大数据已经成为一种价值观、方法论,是一种新型的生产资料。

一、大数据的相关概念

（一）大数据的定义

如今,大数据的概念尽管已经普及,但对于其准确的定义其实尚未统一。常见的权威性定义有以下方面。

（1）根据百度百科,大数据是指无法在一定时间范围内用常规软件工具进行捕捉、管理和处理的数据集合,是需要新处理模式才能具有更强的决策力、洞察发现力和流程优化能力的海量、高增长率和多样化的信息资产。

（2）麦肯锡全球研究所的定义为,它是规模大到远远超出传统数据工具软件能够获取、存储、管理、分析的范围的数据集合,具有数据规模海量、流转速度快、类型多样化、价值密度低四个特征。

（3）高德纳研究与咨询公司也认为,这种大规模、高增速、广类型的信息资产要求对应了决策力、洞察力、流程优化力更强的新处理模式。

（4）肯尼斯·库克耶和维克托·迈尔·舍恩伯格所编《大数据时代》提出，大数据是超越传统的抽样调查法（有限的随机分析法），调用所有数据进行分析处理的技术。

（5）我国传媒学家刘建明教授则指出，"大数据"和信息是一体的，是巨大量信息的统计和技术运作。大数据技术是人类社会认知方法的又一大飞跃，将为政府管理、企业运营和媒体传播的科学高效化创造条件。

（二）大数据的特征

在如今高度信息化时代，物联网与互联网结合，在网络金融、电子商务、现代物流、移动出行等现代服务业的基础上，增生了车联网、智慧交通、智慧电网、智慧城市等系统。其中获取、存储、输送和处理的数据量飞速飙升，旧式的信息处理手段已无法应对其采集、整理、储存、检索、分析等方方面面的问题。一方面，信息数据是人类的网络社会和智能社会进一步发展的基础；另一方面又给接受和处理工作带来日益沉重的负担。

大数据之"大"，不单单是容量层面的含义。只是容量的扩充还不至于让当今的计算处理系统倍感挑战。实际上大数据之博大，包含 5 个层面，可概括为"5V"。

1. Veracity，数据真实性强　这里的真实性不但指机器采集相比人工记录和记忆客观性和准确性更高，如数字监控系统，而且通过跨领域、跨地域数据库的联网对照、综合、自我修缮等功能，进一步确保采集对象数据集的完整度和拟真度。

2. Volume，数据体量大　数据体量增大不仅是单位的数字膨胀，还有单位本身的变大。例如，从 2010 年至 2020 年，全球数据量扩大了约 50 倍。其中单一数量集都已跃升为 TB 至 PB 规模。1 PB 数据的存储以硬件设备计，需要 2000 台容量为 500 GB 的硬盘。此外，数量大还由于数据源多，覆盖面广。随着智能设备和应用的普及，可采集的数据源还在进一步扩大。

3. Variety，数据种类繁杂　由于传感器类型增多，社交网络、智能终端的风行，数据的类型越发多种多样，包括结构化、非结构化、半结构化的数据。除了数据库这种结构化数据，还有图片、邮件、网页、音频、视频等待加工的半结构化、非结构化数据。例如，脸书、推特等社交媒体网站的日状态更新量达到上亿；油管的视频日上传量更是高达数十亿，平均每分钟有约 60 小时的视频上传。这些种类繁杂的数据能通过不同形式的处理、整合纳入大数据云。

4. Velocity，数据流动快　过去的数据流通在个人或机构的计算机上进行，受限于网络范围和质量，传输速度慢，数据流通量小，效率低。如今信息全球化，互联网发达，承载力大幅提升，传输速度有了质的飞跃。这又进一步导致数据的动态变化性大，更新快，迭代率高。大数据作为流式数据的特性为其处理和管理带来极大的挑战。

5. Value，数据价值高　大数据的价值高在于整体价值高。由于数据量基数大，其价值密度还是比较低的,有相当一部分调研价值低的数据没有直接存储的意义。然而从全局的战略角度来说,一方面,大数据能实现对人类和自然活动更全面的记录;另一方面,通过对广泛的数据样本进行挖掘分析,大数据能得出许多新规律和趋势,加上机器深度学习、人工智能运算等方法,对金融、军事、工农、医疗等各个领域、行业的未来发展状况作出一定的预测。辅助决策、提高生产和生活效率、改善社会管理和治安、推动科研发展进步才是大数据最大的价值。

（三）大数据的分析

在当今的数据时代,无处不在的数据潜移默化地影响和改变着我们的生活。面对爆炸式增长的数据,如何有效利用、发挥其真正的价值成了重中之重。收集互联网、物联网中海量的数据不是目的,将其转化为有用的知识财富,从而带来经济效益和社会效益才是。若不想被信息的汪洋大海淹没,必须及时地筛选、分析、提炼出重点,分析方法是否得当决定了得到的数据价值。一般来说,大数据的分析法分为以下五个方面。

1. 数据质量和数据管理　首先,高质量的数据和管理是实现分析价值的基础。高质量的数据需要优质的数据源和有效的清洗方法;其次,高效的分级管理,这些是科研或其他应用领域数据分析的保障。大数据由于数量庞大,质量筛查更是不可或缺。

2. 语义引擎　多种多样的非结构化数据为数据分析带来很大的障碍。语义引擎作为解析和提取数据的工具,能够自动从各类媒体材料中读取信息。鉴于非结构化数据的复杂性,其功能需要进一步细化,选用合适引擎的同时需要对其精准性加以优化。

3. 数据挖掘算法　数据挖掘是系统基于统计学、机器学习、人工智能等技术,按照一定条件来自动地分析和归纳数据,从而挖掘出原数据中隐含的、对于人们有用的信息和知识。这类算法的开发、利用需要考虑到大数据的量、速度、类型等。挖掘算法只是初步分析,为人工决策提供支持。

4. 可视化分析　在统计汇报的形式上,数据可视化日益为专业人士和普通民众所青睐。通过静态或动态的可视化图形,更直观地展现数据之间形形色色的关系,更利于观众对比和记忆。此外,相比于数字,图示的重点更突出,容易让人觉察到其他形势下难以发现的地方。总之,数据可视化展现了数据的魅力,拉近了数据和人的距离,便于统筹和把握多源数据关系,具有极大的优势。

5. 预测性分析　预测性分析是在数据挖掘和可视化分析的基础上,进一步推导出趋势和规律。其作用主要是识别一些风险或机遇,判定风险等级,评估致害或致利因素的重要程度,做出预测性判断。预测性分析目前大多由人工实现,为预防打下基础。其发展方向仍是进一步优化预测模型,争取实现机器的全自动化预测。

以上五个方面有一定的次序,如数据质检和语义引擎是数据挖掘的基础,挖掘成果和可视化汇总又是预测性分析的依据。然而对于实时生成的流式大数据,这几步是多管齐下、同时进行的,相互交织、相互反馈,共同构成一个持续、稳定运作的动态分析系统。

二、大数据在大学生网络思想政治教育中的应用

大学生思想政治教育是中国特色社会主义大学立德树人的重要内容,关系到办什么样的大学和培养什么样的人的根本问题。互联网是新时代最大的"时",大学生思想政治教育是新时代高校最大的"事",大数据应用是新时代最大的"势",应用大数据开展大学生思想政治教育是新时代高校思想政治工作的新要求和必然选择。

（一）宣传教育与大数据

打破传统思维定式,首先要对我们身处的新时代有清晰的认识。宣传教育本身就是一种思想营销,是把正确的理论、思想"灌输"进学生的头脑的过程。

1. 通过大数据全面准确了解宣传对象　　传统的做法基本是通过调查问卷的方式来掌握学生的一些思想动态,了解学生需求,但通过问卷的方式得来的结果与学生思想深处真实的想法存在很大的误差,因为这一过程中有很多情绪、情感和干扰因素在里面,同时,访谈者也有可能带着主观上的"有色"眼镜来审视学生。因此,仅靠传统的调查问卷、座谈会等方式掌握学生的思想动态是不够的。在互联网时代,学生的喜怒哀乐、心语心愿都会体现在网络平台上,如贴吧、QQ空间、微信朋友圈、微博等,这些数据虽然实时有效,但过于碎片化,杂乱无序,因此需要借助大数据技术深入挖掘。通过大数据"画像",准确掌握学生最新思想动态、热点话题、流行喜好等,从而选择最佳的教育引导方式来教育引导服务学生。

2. 运用大数据实现宣传教育内容的"私人定制"　　在因地制宜、个性化的宣传策略制定上,大数据同样可以发挥作用。例如在淘宝等网络平台上,展示给每一位用户的页面都是不一样的,会根据用户的消费习惯等特性推荐不同的商品展示给用户,由原来的"人找商品"变成了"商品找人"。高校思想政治工作者如果能针对不同专业、不同年级、不同地域甚至每一个学生的特点,设计个性化的宣传教育策略,实行"私人定制"式的精准服务,教育效果将会事半功倍。

3. 通过大数据实现宣传教育全过程品控　　通过大数据可以随时掌握针对某一"事件"或者"主题"的宣传教育活动的效果,通过碎片化的数据分析和追踪,来检验之前的宣传教育手段是否有效,既有前期决策方面,又有结果反馈方面,形成了一个教育闭环。

4. 有效借用第三方大数据　　在数据利用方面,除了自己专门做分析挖掘以外,还可以借助第三方数据平台发布的报告,掌握不同群体学生的特性,例如全国互联网研究中心、微信、微博、今日头条、抖音等每年都会发布用户行为的大数据报告,这些都是很权威、有价值的参考依据。

（二）预判预警与大数据

1. 预判预警的典型形式　在大数据中，有一个非常有代表性的应用就是预判预警。如天气预报，其天气影响模型就是以海量数据为基础进行构建的，使其可以完成对天气的预测。下面简单介绍大数据和预判预警在校园内的几种应用形式。

（1）测评系统。高校很早就开始使用这类系统了，最初多应用于心理测评，之后才出现如人格测评、职业倾向测评等与大学生就业息息相关的职业能力测评系统。这些系统所用的数据模型已经被研究机构和厂家进行不断完善，是非常成熟的，学生可放心使用。

（2）舆情监控和预警。在这方面许多高校借助第三方平台做了一些工作，主要是通过设置一些关键字词，将一些主流平台的相关信息筛选出来，达到舆情监控的目的。这部分工作目前开展得较为单一，主要局限于学校的论坛、贴吧和微信公众号留言等。

（3）预判预警分析。其中包括学业预警、心理危机预警、特困生预警以及特殊学生预警等，不过这些系统需要不同的数据支持，现阶段还不能大规模地投入使用，但这些校园大数据应用无疑有着广阔的发展前景。

2. 预判预警的应用要点　对于大数据在预判预警方面的应用有以下两点需要注意。

（1）尽管商业平台为预判预警提供了良好的发展基础，但高校还是要拥有自己的数据模型。相比于第三方商业公司，学工人员明显是更了解学生行为的人，学工人员能够将自身经验与大数据相结合，从中发现对学生行为影响最大的几个因素，进而构建数据模型完成预判预测，这也是大数据应用最值得研究的课题之一，能够充分展现出大数据应用的价值。

（2）预判预警要有完善的应对机制和对网络传播走势的充分考量，仅仅是发现问题，预测到问题，不及时响应，或者没有完善的处理机制是毫无意义的。

此外，互联网时代，许多原来很"普通"的事情会毫无征兆地迅速传播，使人猝不及防、防不胜防。面对突发或者可预见的事件，要有充分的应对预案，这种预案并不单纯指"封锁消息""控制舆论"，而应是积极面对，正面疏导解决，甚至一些微小的举措就可以决定事态发展方向。

三、校园大数据构建策略

校内数据涉及部门较多，这些数据既有一定的关联性，又有相对的独立性，不能笼统地把数据汇总在一起盲目进行分析，应该根据数据的性质有针对性地开展数据应用。

单一数据的数据来源比较单一，数据用途也比较明确，多为一些业务系统的结果信息，无须进行数据处理，直接提供以结果查询为主的操作即可。这一类的数据服务适合一些在数据应用方面刚刚起步的高校。这类数据的特点包括：①数据是各业务系统中存在的、现成的,并且是准确的;②数据的呈现方式比较简单直观;③不需要复杂高深的技术处理。

实际上,这类数据应用算不上大数据的范畴,但不能为了做"大数据"而做"大"数据,大数据的落脚点还是在于应用。所以,通过调用单一数据来提供服务,是高校数据应用起步阶段比较容易实施,也比较容易见效的步骤,例如一卡通花费、学生成绩、工资等数据。

(一)复杂数据做分析

复杂数据指的是数据体量大、杂乱无章,难以直接进行应用的数据,这类数据的主要特点是:①数据量非常大,单条数据几乎没有使用价值。②在使用过程中需要借助专业数据处理工具,在结果显示时也需要借助数据展示工具。③需要专业的技术人员来具体操作。

校园一卡通的流水记录、网络访问日志、校园监控等都属于复杂数据。如齐鲁工业大学将这部分数据结合学生的学习成绩进行关联性分析,建立了"饮食规律与学习成绩""上网行为与学习成绩""图书借阅与学习成绩"等多个模型,对学生教育管理服务工作起到了很好的辅助作用。

(二)综合数据做预测

当针对某一事物的数据观测点足够多时,就可以通过建立综合的数据模型,对事物发展的规律性进行预测,大数据平台真正的应用价值正在于此。

大数据将为人类的生活创造前所未有的可量化维度。大数据已经成为新发明和新服务的源泉,而更多的改变正蓄势待发。大数据带来的信息风暴正在变革高校教育、管理、服务的各个环节,大学生思想政治教育工作受到大数据的影响将会越来越明显,大数据在"精准"思政上将会大有作为。但是,大数据亦是一把"双刃剑",和其他科学一样,它不仅是一种处理问题的源泉,也是一种造成问题的根源。大数据带来的数据安全、个人隐私、信息公正、产业生态等问题也需要引起足够重视,大数据是"石油",但石油也会引发火灾,思想政治工作同样也要防患于未然。

第四节 大学生网络思想政治教育的创新路径

一、促进思想政治教育与社会主义核心价值观的融合

(一)优化思想政治教育的经济环境

思想政治教育的有效开展离不开良好的经济环境做保障,因此,新时期思想政治教

育的重要任务就在于创造好的经济条件,保障思想政治教育的顺利进行。

(1)从宏观层面来讲,优化思想政治教育的经济环境需要有强大的综合国力来保障,这就意味着要全面推进社会主义改革,大力发展生产力。因为对于我国社会和个人的全面发展以及思想政治教育的有效开展而言,生产力既是基础,又是保障。所以,实现思想政治教育与新时代、新经济、新特色的有机融合就必须坚定社会主义改革的前进方向,全力推动社会主义市场经济更快、更好地发展。

(2)推动社会主义市场经济秩序的革新。对于社会主义市场经济的发展而言,良好的经济秩序无疑是强大的保障条件,对于思想政治教育而言,更是其经济环境得以进一步优化的关键环节。所以,为了确保我国经济活动的良性运行和整个社会的经济伦理、道德体系的建设与完善,必须强化社会主义市场经济建设,以更加统一、更加开放、竞争更加良性的市场体系和各种经济关系的健全带动基于法制的市场经济秩序的创新和变革。

(3)营造全社会健康和谐的利益关系氛围。人们在社会中的一切行为,及支配这些行为发生的思想,在一定程度上都会受到物质利益的正面或负面影响。所以,实现思想政治教育经济环境的进一步优化,就必须在社会保障制度的建设和多方利益关系的协调过程中,严格执行效率优先、兼顾公平的分配原则和人本主义的基本思想,不断缩小社会收入差距。这个过程的进行和目标的实现是一个长期的综合性过程,需要汇聚社会宏观管理部门以及全社会的集体力量。

总之,在大力发展生产力以适应社会主义现代化建设的具体要求,以及提高综合国力方面,思想政治教育应当发挥激发群众的积极性、能动性和创造性的作用;在推动社会主义经济秩序的创新和变革方面,思想政治教育要确保实现群众思想素质显著提升以及其经济行为更加规范化的目标;在提升利益关系的合理性方面,思想政治教育为人们正确处理国家、集体和个人之间的关系指引了正确的方向。好的经济环境对于思想政治教育的开展具有不言而喻的推动作用,静待好的经济环境出现固然是一种方法,但最重要的还是将思想政治教育的发展融入经济环境的优化中,从而创造有利于思想政治教育发展的经济环境。

(二)优化思想政治教育的文化环境

文化环境是人们所处环境中的重要组成部分,它会对人们文化修养和道德品格产生潜移默化的影响。所以,必须提高对优化文化环境的重视程度,充分发挥其对人们正面积极的文化感染作用。具体来讲,优化思想政治教育文化环境应当做到以下四点。

(1)坚定社会主义文化建设的政治方向,确保公民思想道德素质的作用得到充分发挥。因此,就需要以马克思主义思想为指导,践行社会主义核心价值观,不断提升人们的爱国主义精神和改革创新的时代精神,从而为实现中国特色社会主义共同理想而努力。

（2）全力发展各项文化事业。作为文化环境的重要因素,各项文化事业更好、更快地发展,一方面是与教育对象精神文化需求相适应的必然发展趋势;另一方面,各项文化事业发展水平的显著提升所带来的文化环境的进一步优化,也将对思想政治教育的发展提供绝佳的文化条件保障。

（3）强化群体文化环境建设。作为社会主义文化的重要组成部分,群体文化(如企业文化、校园文化、社区文化、军队文化、城镇文化等)这种亚文化环境直接影响着生活在这些群体场所中的人们的日常生活和生产。所以,思想政治教育良性发展的前提条件之一就在于强化群体文化建设,从而营造出一种有利的环境氛围。

（4）大力建设和有效管理文化市场。从长远的影响力来讲,我国人民的业余生活日渐丰富、社会主义精神文明建设的进程加快都与我国文化市场的建设和管理有着分不开的联系。所以,必须采取有效措施,对文化市场加以规范化管理,如利用健全的法律法规对文化市场行为加以约束和规范;加大对健康文化产品和文化服务的扶持力度等。总之,无论是建设社会主义精神文明,还是优化思想政治教育环境,都需要进一步强化社会主义文化建设,从而为思想政治教育的高效、优质和可持续提供良好的文化环境保障。

（三）优化思想政治教育的大众传播环境

作为思想政治重要的环境因素,大众传播环境一定程度上发挥着进一步强化或削弱思想政治教育的重要作用。经历了长期的发展,尽管在塑造人们精神面貌方面,我国大众传播发挥了重要作用,但不可否认的是,仍旧存在一些干扰思想政治教育的潜在风险。所以,进一步优化思想政治教育的大众传播环境成为思想政治教育发展的必然要求。

（1）进一步强化大众传媒的建设与管理,充分发挥大众传媒(如报刊、广播、电视等)弘扬主旋律的作用,以及各级党委、政府部门对大众传播在弘扬主旋律方面作用发挥的监管作用。

（2）营造正面的舆论环境,这就需要始终践行"用正确的舆论引导人""用高尚的道德塑造人"的基本理念,充分发挥先进典型的模范带头作用,在全社会营造良好的社会风气,倡导新风尚。

（3）进一步强化大众传播在评析、监管舆论方面的职能。具体来讲,要做好以下工作:①弘扬社会主义先进文化,以适应现代社会的发展要求。②充分发挥对现实生活问题和矛盾的舆论监督和剖析职能。③针对人们对现实社会的看法,要进行积极引导,使受教育者的精神免疫力得到进一步强化。

（4）在对网络及新媒体环境进行优化时,采取针对性的有效举措,从而使得网络和新媒体环境成为思想政治教育发展的强大推动力。①健全与网络及新媒体有关的法律体系,确保网络及新媒体管理有法可依。②对人们的网络行为以完善的网络及新媒体道德规范进行有效约束,确保网络及新媒体道德教育在合乎规范的范畴内有序进行。③开辟全新的思想政治教育阵地,如"红色网站",为现有的思想政治教育平台提供强有力的补充。④综合运用现代化的信息技术和行政、法律手段等严惩违法乱纪行为,从根源上杜绝网络有害信息的传播。

(5)对媒体自律进行方向引导。在引导过程中,要尤其重视对"教育者"——媒体从业人员及把关者的思想政治教育,要确保其具备较高的思想政治素养,这样才能引导人们构建健康心灵世界的正确方向,才能确保舆论导向始终与社会要求和公共利益保持统一步调,同时,这也是对大众传播环境进行优化的最有效、最直接和最根本的途径。

(四)优化思想政治教育的家庭环境

对家庭环境进行优化的有效途径有很多,其中,家长对家庭环境具有极强的主导作用,所以,下面主要立足于家长的角度进行详细阐述。

(1)进一步强化家长的责任感,使其思想政治素养实现全面提升。学生世界观、人生观、价值观的养成,很大程度上会受到家长潜移默化的影响,所以,对于孩子而言,家长的榜样示范作用非常重要。为此,就需要家长进一步强化自身的责任意识,培养自身科学健康的世界观、人生观和价值观。

(2)进一步强化对学生思想道德教育的重视程度。很多家长受到应试教育的长期影响,相对于提升学生的思想道德修养,更加注重其学习成绩的提高,在这种情况下,学生的健康成长就受到影响。所以,从家长的角度来讲,对学生的关心照顾应该兼顾两方面内容:一是学生的智力发育;二是学生健康心理、良好习惯、科学三观的培养。

(3)进一步提升家庭教育方法的民主性和科学性。应当进一步提升家庭教育方法的科学性和民主性水平,充分考虑学生的心理特点、年龄特点,因材施教,对待学生要尊重其个体差异和兴趣爱好,平等沟通,以和谐、民主的家庭氛围带动家庭教育质量的提升。

(五)优化思想政治教育的学校环境

大学生生活和学习的地方多在学校中,所以学校的环境和氛围与大学生的发展息息相关,改善学校的环境有利于学生思想政治教育的开展,促进大学生健康成长。优化学校环境应从以下两个方面来执行:首先,学校要增加资金投入,使学校物质环境符合要求。在美化学校的环境及相关的硬件设施上,学校要加大投资,加大建设力度。要坚持实用性、艺术性、思想性三者相互配合,扩大绿植面积,保持校园环境干净整洁,给学生创造一个美丽、舒服的学校环境。学校的校园环境与学生的学习生活息息相关,好的学习环境有助于学生学习和生活,有利于培养学生良好的行为习惯和人格。其次,制定强有力的措施,优化校园精神文化层面的环境建设。一是教师要打造一个学生喜欢的课堂教学氛围。教师应该认真备课,教学方式要不断创新,促进课堂教学多样化,吸引学生的注意力,提高学生的学习兴趣,重视思想政治教育在课堂的渗透,发挥课堂的作用。二是教师要有育人的意识,共同营造育人的良好气氛。学校要呼吁全体教职人员在教书中培育人,在管理中培育人,在服务中培育人,从而做到全方面、多角度地培育人。三是注意良好班风和校风的营造。良好的班风和校风有助于学生思想政治教育的发展。四是要大力开展课外活动,分析学生的不同性格特点及行为方式,开展相关活动如辩论赛或其他竞赛等。给学生营造一个良好的校园学习环境,促进学生健康成长。

要给学生提供一个良好的组织环境,要先营造一个民主平等、凝聚力强的学校环境,学校相关教职工人员要团结协作,积极主动,并且具有创新精神。学校领导者要始终坚持民主的原则,防止专断决策,悉心听取学生的意见,接受学生的监督,有助于学生产生强大的凝聚力和归属感,从而使学生对工作产生兴趣,激发他们的创新意识;最重要的是涉及学生相关的利益时,更应该做到公平公正公开,遵循规章制度,做到人人平等。同时,要始终坚持中国共产党的领导,联合学生会、共青团和妇联等多方力量举办相关活动,加强学生凝聚力,共同致力于思想政治教育的良好社会组织环境的建设。

(六)优化思想政治教育的同辈群体环境

同龄人的存在在青年学习和生活过程中既会产生积极的作用,也会存在消极的影响。所以,优化思想政治教育的同辈群体环境对学校来说是一项重大的任务。

(1)注意对同辈群体的教育和指导,营造适合他们学习和生活的氛围。例如一些青年拥有自己的兴趣爱好,却因学校没有特定的平台可供施展,而自发地形成一些社区组织等。这就是要重视青年同辈群体思想政治教育的原因,如此才能真正以他们的实际需要为基础,促进他们健康成长。同时,青年的心智尚不成熟,在交友的人际关系方面不能正确把握,所以学校要帮助他们正确认识人际关系,帮助他们融入同辈群体,锻炼他们的交际能力,引领他们学会用正确的态度、批判的意识去看待同辈群体在活动中对自己造成的一些影响,从而使青年同辈群体在学习和生活中能交到志同道合的、有共同目标的、能够互相帮助的朋友。

(2)对不同的青年同辈群体要采取针对性的指导。人具有差异性和多样性,这也说明青年同辈群体间也会具有差异,这就要求我们不能一概而论,必须分类指导,使不同群体间的青年能够朝着正确的方向健康发展。

(3)重视对青年同辈群体的中心人物的引导。每一个同辈群体中总是会有一个如领导者般存在的核心人物,他们对其他成员来说会有示范和模仿作用,对他们的引导会直接影响整个群体的性质和发展。所以,要重视对核心人物的世界观、人生观和价值观的正确培养。

(4)家庭、学校及社会等多方力量应相互合作,致力于培养青年健康成长的共同目标。在家庭中,父母要多与子女交流,关注子女的人际关系及交友情况,帮助他们学会辨认人、认识人,鼓励他们积极参与青年同辈群体组织的相关活动。对学校来说,怎样发挥学校教书育人的功能,帮助青年树立正确的三观,同时规范青年的行为举止,使青年朝着健康的、正确的、积极的方向发展,养成亲社会的性格。对社会来说,要注重青年同辈群体的教育管束,设立一些心理咨询的相关组织机构,多方位考虑青年的需要;同时还要注意青年的交际需要,多开展一些活动,给青年创造交往的机遇,尤其是学校和社区,可以开展适合青年活动的相关活动和场所,给青年营造良好的发展环境。

二、实现思想政治理论与实践的创新机制研究

思想政治教育的内容具有显著的政治性、确切的目的性、时刻突出的先进性、鲜明的时代性以及内在的系统性等特点。这些特点决定了思想政治教育在实现理论与实践创新机制过程中,必须遵循科学的逻辑和层次,以确保其有效性和针对性。

(一)思想政治教育内容的特点

1. 显著的政治性　思想政治教育的内容具有显著的政治性,这是其核心特点之一。思想政治教育是我国党和国家事业发展的重要内容,必须紧紧围绕党的政策、方针,全面呈现党、人民的意志。其内容应以马克思主义为指导理论,以富含中国特色的理论体系引导广大人民,重视培养共同理想、民族气节,弘扬时代精神以及社会主义荣辱观。思想政治教育的内容应与社会发展的大趋势保持一致,突出社会发展中的主要任务目标,为实现这些目标提供服务。

2. 确切的目的性　思想政治教育的内容具有确切的目的性,这是其基本要求和前提条件。思想政治教育的内容源于其教育的主要目的,同时也是教育目的的实际表达。教育内容的制定应明确目标,满足教育对象的全面发展需求,确保教育内容的针对性和实效性。确切的目的性不仅决定了教育内容的方向,也体现了人的思想素质对其未来发展的全面性影响。

3. 时刻突出的先进性　思想政治教育的内容必须时刻突出先进性,并不断优化。制定教育内容时,既要关注教育对象的现实情况,体现个体差异性,又要注重其精神层面的发展模式与社会发展的实际境况,发挥引导作用。教育内容应实事求是,高瞻远瞩,注重社会发展对教育对象的影响,符合社会的发展方向。

4. 鲜明的时代性　思想政治教育的内容具有鲜明的时代性,这是其与时俱进的重要特征。随着社会的高速发展,教育对象也在不断变化,思想政治教育的内容也应随之调整。制定和运行思想政治教育内容时,应牢牢把握时代发展方向,与社会现实、人的思维紧密联系,强化内容的时代性特征。教育内容应顺应时代进程,以强烈的时代感回答新时代的课题,引导和鼓励教育对象,传输新的知识、信息和思维。同时,教育内容应关注现实性,及时反映生活中的实际情况,增强教育内容的说服力和感召力。思想政治教育

应根据发展的变化形势,将关于市场化、世界化、信息化的教育内容,及时地纳入教学内容中,进一步拓宽被教育者的视野,教育内容涵盖的经济、生态等全方面的知识体系,使教育对象的思维始终与时代保持同步发展;应进一步接近现实、接近生活、贴近被教育者,并以此作为教育原则,注重被教育者在生活、学习、工作等方面遇到的困难,进而开展实用的教育,解决被教育者关心的问题。

5. 内在的系统性　思想政治教育的内容具有内在的系统性,这是其科学性和有效性的保障。思想政治教育的内容体系由多种要素构成,这些要素之间相互关联、相互作用,形成一个有机整体。教育内容的制定和运行应遵循系统论的方法,注重整体性、协调性和层次性原则。

(二)思想政治教育内容的制定与运行原则

1. 整体性原则　整体性原则要求在制定和运行教育内容时,促进思想政治教育内容体系中各种要素之间的关联作用和互助作用,形成完善的功能体系。思想政治教育的内容体系应覆盖不同的要素,形成一个有机整体。被教育者的多元化需求和复杂思维要求教育内容全面覆盖全体被教育者,发挥多种要素的"合力"功能。教育内容体系的实际作用不是简单地将不同要素相加,而是通过科学的排列组合,形成新的功能作用。因此,制定和应用教育内容时,应具备结构观念,合理配置不同要素的结构,使教育体系的功能得到充分发挥。

2. 协调性原则　协调性原则要求在制定和运行教育内容时,应全面注重体系中不同要素之间以及系统内外部之间的关联与影响。思想政治教育体系中不同要素之间具有关联作用,只有充分发挥不同要素间的协作和互促作用,才能使各要素的功能得到发挥,体现体系的整体内容。例如,在实施思想政治教育的过程中,世界观、人生观、价值观、道德观、法治观等教育内容之间是互补和促进的关系。不同时期的教学内容,应注重科学衔接,杜绝传输无序、重复的内容。同时,教育体系是开放的,应与环境因素紧密结合,发挥其独特作用。制定和运行教育内容时,应将教育内容与环境因素关联起来,有效传输相关内容,发挥教育体系的作用。

3. 层次性原则　层次性原则强调在建立思想政治教育体系时,应注重内容的主次关系,实施教育内容时,应根据教育对象的实际情况,选择不同的教育内容。思想政治教育的内容体系由多个层面的因素组成,涵盖世界观、人生观、价值观、道德观等教育内容,这些要素中又包含更详细的子要素。例如,人生观教育内容涉及人生规划、理想信念、生命价值等层面,而生命价值教育又涉及尊重生命、生命的意义等内容。体系中各层面的内容,以及各要素间的统领关系、从属关系形成的结构形式,就是思想政治教育体系的层次性特征。层次性原则要求熟悉层次性特点,有主次地对不同教育对象实施有针对性的教育内容,全面体现教育内容的整体性,实现思想政治教育的目标。

思想政治教育的内容具有显著的政治性、确切的目的性、时刻突出的先进性、鲜明的时代性和内在的系统性等特点。在制定和运行思想政治教育内容时，应遵循整体性、协调性和层次性原则，确保教育内容的科学性和有效性。通过科学的理论指导和实践创新，思想政治教育能够更好地服务于社会发展的目标，满足教育对象的全面发展需求，推动思想政治教育的现代化转型。

三、提高思想政治教育工作者的理论水平

在过去，大学生思想政治教育方法是建立在信息控制的基础上，在将教育信息传递给学生之前，教育者要先进行严格的筛选，整理好以后才会注入大学生中，并根据教育者的需求来确定教育模式。然而，在新媒体技术的发展下，信息从单向传播变成多向传播，学生和教师可以同时获取自己需要的信息，而在新媒体的帮助下，部分学生可以轻松获得课堂之外的知识。这种教学模式也大大降低了大学生对教师课堂传播知识的依赖，提高了思想政治教育从业人员的素质要求。

在高校思想政治教育发展过程中，网络发展对理论课教育理念有着重大影响。一是现代技术对教育观念的影响。在互联网迅速发展的过程中，互联网通过时空的无限扩展，展现出一种更加开放、自由、平等的创新精神和理念，这些更加先进的教学理念必然会扩展到高校的思想政治理论中。二是新媒体的传播，极大地影响了大学生的思维特征、三观和行为处事方式，这也将促进高校政治思想政治理论的创新。这也要求思想教育工作者要注重了解以下概念与理念。

1. 虚拟与现实互补的概念　　虚拟社会的形成预示着人类思想有了更多的发展可能性，其发展也让人类发展的内涵得到完善，使人的虚拟发展成为人性的一部分。因此，如何将虚拟社会与现实社会两者的关系得到正确处理非常重要，同时，这也是一个重大的理论问题。人类的生存和发展离不开虚拟社会和现实社会，虚拟社会和现实社会的和谐发展促进了人性的实现。由于人类的基本生存和需求与现实社会密不可分，虚拟社会不能被现实社会取代或压制，虚拟社会也不能被人们所拒绝，因为它已经成为一个客观的社会领域。虚拟社会不可能离现实社会太远，因为人们的需求在现实社会中完成之后，也需要虚拟世界来体现。此外，虚拟社会健康有序的发展需要借助现实社会来实现，远离现实社会、沉溺于虚拟社会中的人不仅无法自我发展，而且其发展会受到大大的限制。高校思想政治理论课教师在教学过程中，必须准确把握两者社会的关系，合理利用新媒体技术，在高校思想政治理论课教育过程中、在各个教学环节中体现其基本教育理念。

2. 平等互动的理念　　新媒体动摇了教师的权威，挑战了在传统教学模式中师生的不平等地位和片面灌输的观念。这个挑战主要来自两个方面：①现代信息技术的发展让时间和空间的限制不再存在，大学生的思维得到了扩展，创新能力得到了提高，由于本科生

可以通过互联网等媒体自由获取自己所需要的各种信息,因此可能会导致教学过程中出现师生之间的矛盾,教师的信息量达不到学生的水平。②新媒体资源作为一种信息,它既是一种公共资源,又是可以被大家共享的信息,任何人都能借助新媒体平台来实现创新。面对这些挑战,从事高校的思想政治理论的工作者必须做到与时俱进,做到平等互动。

3. 双主体理念　在结合现代建构主义教育理念以及现代信息技术之后,形成了一种新的大学思想政治理论教育理念,即双主体理念。建构主义对于学生们学习主动性、学习过程社会性和学习内容的情境性非常看重。在现代建构主义教学理念中,教师不再是知识权威的象征。在教学过程中,教师要将学生放在核心地位,根据教学过程中的实际情况来调整自身的教学方式,引导学生去学习知识。这种建构主义的教学法可以让学生充分发挥他们的主动性、学习热情和对学习的创造力。新媒体技术为实施现代建构主义教育理论奠定了基础,其中最具代表性的是在线教育。它摆脱了传统教学法的时间和空间的限制,削弱了对学生身心的束缚,让学生可以更享受学习。在现代建构主义的指导下,教师可以借助现代信息技术的力量,科学合理地创造和选择支持学生自主学习的课堂教学内容和方法。

4. 创新理念　高校思想政治教育发展过程中,需要个人创新理念。这是在新媒体技术发展的基础上,高校政治理论教育对大学生影响的积极应对。教师要积极响应新媒体技术对高校政治理论教育的影响,树立创新理念。一是对于大学生的个性以及人体的创新精神,教师要给予充分的尊重,在教育过程中要努力发现他们心中的思想火花。二是高校思想政治理论课教师要积极主动地引导学生培养创新意识。三是教师要积极探索适合新时代的教学内容和教学方法,对于教学内容和教学方式的确定要结合学生们的个性特点,做到教学内容有选择性,方法具有多样性。

第五章 大学生思想政治教育队伍建设与路径探析

第一节 大学生思想政治教育队伍的内涵

大学生思想政治工作队伍是由专职、兼职人员共同组成。专职人员主要来源于本校教师和干部,兼职人员主要通过组织动员一些教师、高年级大学生、研究生来担任。专兼结合的大学生思想政治教育队伍基本结构,是我国高校思想政治教育队伍建设的优良传统,这一队伍建设的思路和格局在中华人民共和国成立初期进行初步探索,在20世纪80年代中期已经形成。

20世纪90年代,我国提出了德育队伍的概念,大学生思想政治工作队伍即德育工作队伍,包括专职学生政工人员、"两课"教师和众多兼做德育工作的科任教师与党政干部。其中,学生专职思想政治工作人员和"两课"教师是德育专职教师。

高等学校学生思想政治工作人员包括专职人员和兼职人员。专职学生思想政治工作人员是指学校专职从事和负责学生思想政治教育的工作人员,包括学校分管学生思想政治教育工作的党委副书记,学生工作部(处)从事学生思想政治教育工作人员,院(系)党总支负责学生思想政治教育工作的副书记、团总支书记,学生政治辅导员等。专职学生思想政治工作人员应该承担"两课"或其他课程的教学及相关科研工作。兼职学生思想政治工作人员,是指从教师和品学兼优的党员研究生、高年级大学生中选拔配备的半脱产学生班主任、导师或学生政治辅导员。可见,专职思想政治教育工作者还应当承担"两课"或其他课程教学及相关工作,高年级的大学生、研究生在当时也是思想政治教育兼职队伍成员的一部分。

领导和管理大学生思想政治教育的不仅有高校的党政干部,还有高校的共青团干部。高校在当下实行的是校长负责制,这是在高校党委的领导下进行的,大学生思想政治教育由高校党委负责,他们不仅要分析思想政治教育工作的现状,还要分析学生的思想,统领全局,制定计划。校长要对思想政治教育与科研、教学以及社会实践之间的关系进行统筹,实现大学生的全面发展,还要检验思想政治教育工作。党政干部和共青团干部要站在宏观的角度统筹和协调大学生思想政治教育,这样才能确保大学生思想政治教育始终朝着正确的方向发展。

高校思想政治理论课教师承担着对大学生进行系统的马克思主义理论教育的任务,是马克思主义理论和党的路线、方针、政策的宣讲者,是社会主义意识形态和精神文明的传播者,要不断提高马克思主义理论素养,提高科研能力和教学水平,做坚定的马克思主义者,做教书育人的表率。充分发挥思想政治理论课教师的作用,深入推进马克思主义中国化的最新理论成果进教材、进课堂、进头脑工作,有助于大学生树立正确的世界观、人生观和价值观,对于培养和造就德智体美全面发展的社会主义合格建设者和可靠接班人具有重要作用。高校哲学社会科学教师是学科的建设者和课程的实施者,是教学科研的组织者和管理者,也是校园文化的营造者和建设者,提高他们的素质对大学生的健康成长,对坚持和巩固马克思主义在意识形态领域指导地位以及建立具有中国特色、中国风格、中国气派的哲学社会科学体系至关重要。

在高等学校教师队伍中,辅导员和班主任是最不可或缺的角色,他们不仅要开展德育工作,还要对大学生进行思想政治教育,使大学生健康成长。进一步强化对辅导员和班主任的培养,能够很好地促进大学生思想政治教育工作的开展,进而保证高校的稳定,此外,还能够严格贯彻党的教育方针,真正完成大学生思想政治教育的各项工作。要将加强辅导员和班主任队伍建设放在全局的角度上,从战略层面认识其重要性。

对大学生进行思想政治教育是所有教职员工的分内之事。要建立健全相关的规定和制度,制定考核标准,从教书、管理和服务三个方面实现育人。教师要不断提升自身的业务能力,具备良好的师德,传道授业、爱岗敬业,用自身良好的思想政治素质对大学生产生潜移默化的影响。学校管理工作要本着育人的原则,教育大学生时刻遵纪守法,不断提高自己的道德水平。后勤服务人员要认真开展各项后勤保障工作,将高品质的服务提供给大学生,让他们从中受到影响和教育。

第二节 大学生思想政治教育队伍的特点

大学生思想政治教育队伍建设旨在加强和改进大学生思想政治教育,具有明确的目的性、较强的综合性、突出的专业性和深刻的实践性等特点。

一、明确的目的性

大学生思想政治教育队伍是开展大学生思想政治教育的中坚力量,其目标是使大学生具备良好的思想政治素养,为中国特色社会主义事业建设输送大批优秀的、发展全面的高素质人才。这是大学生思想政治教育队伍建设的根本目标,队伍建设能够帮助队伍成员具备更好的工作能力和素质,对大学生产生正面的影响,有助于解决出现在大学生中的政治信仰迷茫、诚信意识薄弱、缺乏团结协作观念、价值取向扭曲、理想信念模糊、艰苦奋斗精神淡化、社会责任感缺乏和心理素质欠佳等问题,进而让大学生具备良好的政治素养、较高的思想水平和强大的心理素质,使大学生实现全面发展。

二、较强的综合性

大学生思想政治教育中包含了三支队伍,其中不仅有学校党政干部和共青团干部队伍,还有思想政治教育理论课和哲学社会科学课教师队伍以及辅导员和班主任队伍,大学生思想政治教育工作必须由三支队伍共同开展才能取得良好的效果。在建设大学生思想政治教育队伍时既要放大他们的优势,也要弥补他们的不足,充分且合理地利用各种资源,让三支队伍相互合作,共同进步,一起为大学生思想政治教育做出贡献。

学科理论的综合性能够很好地体现出大学生思想政治教育队伍建设的综合性。队伍建设的核心在于思想政治教育,同时要始终在马克思主义的指导下进行,但大学生思想政治教育的发展不能只依靠其学科理论,还要综合如管理学、心理学、教育学、社会学、伦理学、政治学以及组织行为学等不同学科的理论。

三、突出的专业性

大学生思想政治教育队伍建设的专业性体现在两个方面,一是队伍成员自身具备的政治素养,二是队伍成员的角色定位。

一方面,队伍成员具有较高的政治素养。落实党的路线方针政策,传播马克思主义理论,弘扬社会主义意识形态,让大学生学习优秀的文化成果,提高他们的思想道德水平是高校思想政治教育队伍最重要的任务。这就意味着他们要坚定不移地跟随党的领导,坚定理想信念不动摇。在高校教师队伍中,思想政治理论课教师是重要的组成部分,不仅承担着引导大学生健康成长的重任,还要传播和落实党的路线、理论、政策和方针。从原则上讲,应该由中国共产党党员担任思想政治理论课的教师,凡是与党中央在政治原则、立场和方向上相悖的都不可以担任思想政治理论课的教师。

另一方面,队伍成员具有明确的角色定位。在大学生思想政治教育的这三支队伍中,每支队伍都有自己的工作职责,其中负责开展统筹、领导工作的是学校党政干部和共青团干部;负责教授学生理论知识、提高学生思想道德水平的是思想政治理论课教师和哲学社会科学课教师;而在学生日常生活中传递思想政治理念的则是辅导员和班主任。

每支队伍都有自己明确的工作范围,这样才能充分发挥各自的价值与作用。

四、深刻的实践性

马克思主义基本的观点就是实践,认识的基础和来源都是实践。实践是开展大学生思想政治教育队伍建设的基础。具体原因如下。

(1)队伍建设来源于实践。大学生思想政治教育队伍的不断建设得益于大学生思想政治教育实践的良好发展。

(2)队伍建设服务于实践。为大学生思想政治教育实践提供高品质的服务是大学生思想政治教育队伍建设的根本目标,这可以让教育有更好的实效性,让大学生具备更高的思想政治水平。

(3)队伍建设接受实践的检验。只有大学生思想政治教育实践才能够检验大学生思想政治教育队伍建设是否取得了良好的效果。

(4)大学生思想政治教育队伍活动本身就是一种实践。党政团干部、思想政治理论教师、哲学社会科学课教师以及辅导员和班主任所开展的所有工作、教学活动都是实践。

第三节　大学生思想政治教育队伍建设的内容

想要加强并改进大学生思想政治教育工作,必须建设一支强有力、高素质的大学生思想政治教育队伍,必须从思想、组织、业务、作风和制度五个方面对该主力军进行系统建设。

1.思想建设方面　大学生思想政治教育的实际效果取决于大学生思想政治教育队伍的思想素质水平。为了提升教育队伍的思想水平,其思想建设的重点是坚持科学的指导思想,加强理论学习和社会实践,通过外部灌输和自我修养,提升思想水平。与此同时,教育队伍必须始终坚持以中国特色社会主义理论为指导方向,坚持中国特色社会主义制度自信、道路自信及理论自信,坚定社会主义办学方向,坚决拥护中国共产党的领导,坚持以人为本的育人理念,在工作中切实做到"育人为本,德育为先"。

2.组织建设层面　做好大学生思想政治教育队伍建设工作的重要基础与前提是健全队伍组织机构、配备充足人员及优化队伍结构。充分发挥相关党政干部及共青团干部的组织、协调和领导作用,按照专业性为主导向、专兼职相结合、储备充足师资、相对稳定性优先、动态合理流动、团结合作高效的队伍组建原则,有效开展聘请、培养、管理各类人才等工作,并合理配置人才资源以求效率最大化,保证大学生思想政治教育队伍常备人才、可持续性发展,最终做好大学生思想政治教育队伍的组织建设工作。

3. 业务建设层面　业务建设主要通过挂职锻炼、岗位轮换、出国考察、学习观摩、脱产学习、参加社会实践活动锻炼等方式培训培养队伍成员;从教学科研能力、语言表达能力、随机应变能力、危机处理能力等方面逐步提高队伍成员的实践工作能力和实际素质水平。高校思想政治教育能否有效开展的核心因素在于教育队伍的业务能力是否精湛、实际本领是否过硬。只有不断提升教育队伍的业务素质,才能有效开展高校思想政治教育工作。

4. 作风建设层面　言传身教,立德树人。在日常的工作、学习及生活中,大学生思想政治教育队伍的成员要首先端正思想作风、营造积极向上的学风、体现务实的工作作风、形成良好的生活作风,以切身实际行动影响当代青年大学生。同时,大学生思想政治教育队伍在接受系统教育、培养、管理的过程中,要始终坚持解放思想、实事求是、理论联系实际的思想,并本着贴近学生、贴近生活、贴近实际的原则,加强自己的个人修养。

5. 制度建设层面　良好队伍的组织建设离不开制度的强有力保证。为了促进大学生思想政治教育队伍建设工作的制度化、科学化和规范化,必须从全局考虑,全面指导、规范大学生思想政治教育队伍建设工作;必须从根本上制定、完善适合大学生思想政治教育队伍建设和发展的各项规章制度、方针政策和法律法规体系。只有从根本上解决了制度建设这个稳定性、长期性的问题,才能有效形成长期机制,保证大学生思想政治教育队伍人员的选拔、培训、管理、激励和保障等各项建设工作有章可循、有法可依。

第四节　大学生思想政治教育队伍建设的路径

一、加强思想政治教育课教师队伍建设

坚持走自己的高等教育发展道路,是由我国独特的历史、独特的文化、独特的国情决定的,必须坚持正确政治方向,把培养德智体美全面发展的社会主义事业建设者和接班人作为重大任务。思想政治教育课教师是高校思想政治工作的主力军,是新时代大学生思想政治教育的主要力量。现阶段大学生思想政治教育的责任重、挑战大,对思想政治教育课教师的教研水平、专业素养带来了极大的考验。高校作为青年思想政治教育的主阵地,要从"讲政治"的高度,提高教师专业素养,切实抓好思想政治理论课建设,充分发挥思想政治理论课在大学生思想政治教育中的主渠道、主阵地作用。

(一)加强思想政治教育课教师自身素质

育人要先育己,要传道就先要明道、信道,要讲好马克思主义,就必须信仰它、忠于

它。思想政治教育课教师作为大学生思想政治教育的引路者、传播者,其自身道德修养非常重要。他们的价值观、政治立场在无形中影响着大学生的价值判断。因此,教师必须以身作则,规范自己的行为,给学生做表率。要以自己的品德修养、实践经验、人生阅历去感染学生,做有温度的思想政治教育者。高校要树立典型,对先进教师的事迹通过张贴板报、大会表彰等形式进行广泛的宣传,让学生明白榜样就在身边。

马克思主义理论知识不是一成不变的,它会随着社会的进步而不断变化。因此思想政治教育课教师要在工作中不断学习,更新自己的知识储备,提升认知水平和理论水平,及时领悟新观点、新思想、新理论,准确把握新形势下的方针政策,自觉远离低级趣味,自觉抵制歪风邪气。勇于学习新业务、新知识,努力提升政治素养的同时提升教学水平,拓展知识面,做一个具有吸引力的思想政治教育工作者。要不断适应社会发展变化,积极参加符合自身研究方向及所属学科的培训班、进修班,认真学习党和国家的方针、政策以及在重要历史节点上国家领导人的重要讲话,不断更新和丰富自己的知识体系,进而提高自身驾驭知识的能力。采用科学合理的教学方法,及时将所学的新知识传播到课堂中去。

在社会转型时期,受到多元文化的影响,当代大学生的价值观念呈现多样化,一些传统的思想理论可能很难引起他们的共鸣,所以在提升对大学生理想信念教学能力方面,应该注重与时代的主题相结合,确保教育内容吸引学生的眼球。比如党的二十大精神、"一带一路"倡议背景下的人类命运共同体、"中国梦"等,都是与国家发展、社会发展以及个人发展密切相关的时代主题,以这些时代主题激励大学生,引导他们勇于追梦。

(二)优化思想政治教育课教师队伍结构

思想政治教育课教师队伍是高校的一支特殊队伍,思想政治教育要取得良好效果,必须依赖这支特殊的队伍,因此高校要努力打造一支专业精、业务熟、素质尖、水平高的思想政治教育课教师队伍。

首先,在招聘新教师阶段就要综合考虑其毕业院校、专业水平、工作经验、年龄结构等因素,适当提高门槛。

其次,在队伍结构上,要合理安排老、中、青教师的比例。老教师教学经验丰富,但已有的知识体系已成惯性,教学方法和手段相对比较陈旧,在新媒体时代背景下,不能满足教学发展的需要,从而削弱教学效果。因此对老教师要加强继续教育,对他们进行创新精神和现代教学手段的培训,培养他们接受新事物的能力。对于青年教师而言,他们接受新事物的能力相对较强,善于运用先进的教学媒介,善于引用鲜活的教学案例开展思想政治教育,但是他们教学经验不足、理论水平有限。因此高校要组织新教师上岗培训,定期开展教学经验交流分享会,组织教学督导组听新教师上课,组织新教师观摩老教师上课,让新老教师交流心得体会,优势互补,共同进步。

此外，高校还应建立严格的教学质量评估和考核体系，通过学评教、教师自评、学科带头人评比、学院审核等步骤，及时选拔优秀教师，淘汰不合格教师，让思想政治教育课教师队伍不断优化，建立最强、最佳的教学团队，促进思想政治教育工作的开展。

（三）增强思想政治教育课教师创新能力

随着社会的不断发展和时代的不断变化，高校思想政治教育工作队伍在坚持把马克思主义作为思想武器的同时，要不断地更新理论知识。世界没有一成不变的事物，这就要求思想政治教育工作者跟上时代的步伐，坚持正确的理论思想，在以马克思主义为指导的基础上，从实际出发，深入学习中国特色社会主义理论体系，不断更新理论知识。

思想政治教育课教师要对课程内容和教学形式进行创新，结合学校特色、专业，结合学生特点和学生的实际需求，开展特色的思想政治教育，提升学生对思想政治教育课的兴趣。在课程内容创新的过程中，思想政治教育课教师可以结合各高校、各专业、各时间节点，开展相应教育。如在校庆时举办"校庆文化宣传月"，通过宣扬学校的文化来营造一个良好的学习环境，让学生从中受到熏陶，帮助他们树立健康的观念；举办"勤俭节约"宣传月，通过学校的社团来监督执行，号召学生加入勤俭节约的队伍，互相监督，营造一种崇尚节约、浪费可耻的氛围。此外，还可定期举办职业道德规范宣传月，每个专业都有对口的职业，大学生们今后踏入社会走向这些职业岗位，没有良好的职业道德观念，将对构建和谐社会造成威胁。因此必须加强对大学生进行职业道德教育，恪守职业道德，诚信友爱，促进和谐社会的建设。

二、加强高校辅导员队伍建设

辅导员作为开展大学生思想政治教育的骨干力量，是各高校对学生进行日常思想政治教育和帮助学生树立正确的世界观、人生观、价值观，激励学生践行社会主义核心价值观，引导学生坚定理想信念的指路人。在高校思想政治教育中拥有一支专业化、职业化的辅导员队伍是势在必行的选择，对高校辅导员提出了更高的要求以满足教育的需要和社会的需要。高校辅导员要在自身思想道德优秀的基础上才能去对大学生进行教育，要在以德立身的基础上以德立学，并在教育过程中以德施教，使得教育效果最佳化。

（一）注重强化高校辅导员自身理想信念，提高影响力

高校辅导员在整个思想政治教育中发挥着主导性的作用，要积极强化高校辅导员自身思想政治教育，积极发挥他们在教育中潜移默化的影响作用。辅导员自身的理想信念

坚定,自然能培育出具有坚定的远大理想和崇高信念的学生。辅导员要培养高尚的道德情操和爱岗敬业的责任感,督促自己做好本职工作并将其当作终身事业来对待。高度的职业认同感会正确引导辅导员将自己的工作看作是崇高的、神圣的使命,督促自身不断前进,并用实际行动带动大学生思想政治教育前行。当高校辅导员自身理想信念坚定,就会在实践教学活动或者生活中对大学生有着潜移默化的影响。

大学生要向老师的行动看齐,用老师标准严格要求自己,同时将老师确立为自己的榜样并向老师学习,努力奋斗成为自己想要成为的那个人的目标,最终成为有理想、有抱负、信念坚定、社会需要的大学生。高校辅导员用自己的言行激励大学生,往往将自己的成长经历作为实例教育大学生确立远大理想和坚定崇高信念的重要性,让大学生深刻明白理想信念在其未来生活和发展中的重要作用,引导大学生自觉地树立起坚定、崇高的理想信念。

(二)加强高校辅导员的专业素养

高校辅导员的自身专业素养和能力水平是开展思想政治教育的保障。高专业素养的辅导员能够帮助大学生认识自我、发展自我、实现自我、超越自我。

理论知识、专业知识、辅助知识这三个方面共同构成辅导员知识结构,只有具备了这三个方面的知识,才能做一个合格的理想信念的引路人和指导者。哲学、政治经济学、历史知识等方面的知识是辅导员具备的基本理论知识,思想政治的基本理论、理想信念的理论知识是辅导员的专业知识,与此同时,还要具有与学生管理密切相关的管理学、心理学、教育学等辅助知识。通过丰富这三个方面的知识储备,提升自身的专业化水平,有效解决学生的思想、学习、生活等各方面的问题,从而引导学生树立社会主义理想信念。

辅导员要加强思想理论学习,提高政治觉悟。要深入学习理论知识,关注教育领域信息,第一时间掌握教育改革新动向,及时领悟教育改革提出的新观点、新思想、新理论、新策略,用先进的理论知识强化自身的专业技能,以便更好地胜任高校的思想政治教育工作。辅导员要不断提升自身的综合素养,明白自身的岗位职责,在践行思想政治教育任务的过程中,对学生开展公民素质教育、学校规范教育、道德教育、时事政治教育,将思想政治教育践行到各个环节中,用不断发展的马克思主义武装大学生头脑,推动大学生全面发展。高校辅导员还要用新媒体技术武装自己。在这信息日新月异的时代,一名优秀的辅导员,不仅要有深厚的马克思主义理论水平和思想政治工作艺术,还要能熟练使用新媒体,充分了解新媒体技术,主动学习,及时把握大学生思想脉搏,通过新媒体技术对学生进行思想政治教育。

(三)增强高校辅导员力量,加强辅导员队伍的稳定性

为了增强高校辅导员的力量,增加队伍的稳定性,在条件允许的情况下,各高校应适

当提高高校辅导员的薪资待遇、住房待遇,放宽高校辅导员的评奖评优和职称评定条件,鼓励高校辅导员尽早确立自己的职业规划,参加专业相关的继续学习、培训,以防止高校辅导员的频繁调动流失。高校还应该加大优秀人才的引进力度,严格按照有关规定配足、配好辅导员,严把招聘关,注重新入职辅导员的岗前培训和专业技能培训,不断增强教育力量,达到良好的教育目的和效果。

三、加强心理健康教育教师队伍建设

新时代大学生心理健康问题日益凸显。在承担着来自学校、家庭、社会等方面压力的情况下,大学生的身心负重逐渐增加,容易出现焦虑、躁动不安、苦闷、压抑等不良情绪。有的大学生缺乏心理疏导能力,长期被心理问题困扰,久而久之形成孤僻性格。

随着教学改革的进一步深化,高校思想政治教育工作的创新发展愈来愈重要,心理健康教育是学生教育的重要内容,在和思想政治教育相结合下,就能形成新的教育局面,这对学生的全面发展就有着积极意义。对新时代大学生开展心理辅导,关注他们的身心健康发展,对思想政治教育的开展至关重要。

(一)加强心理健康教育教师开展实践活动的能力

为了提高大学生心理素质,促进大学生的心理健康教育,保障大学生思想政治工作顺利展开,充分发挥思想政治教育的个体生存和个体发展功能,需要开展多样的心理健康教育实践活动。现实中,心理健康教育教师往往比较注重理论知识的讲解和问题学生的个案咨询,对在学生中普遍开展心理健康教育实践活动缺乏必要的手段和相应的能力。

丰富多彩的心理实践活动不仅可以促进大学生的身心健康,而且可以丰富大学生思想政治教育的实践形式。高校开展的丰富多彩的心理健康教育活动,为思想政治教育工作提供了丰富的内容与形式上的借鉴,为心理健康教育在思想政治教育及思想政治教育功能中拓宽了实践途径。在大学生心理健康教育实践活动中,可以通过社团活动编写与执行组织章程提升学生管理和组织能力,可以通过撰写心理剧本、绘制心理漫画、编辑心理情景剧,激发学生的创造力和创新意识。

(二)增强心理健康教育教师专业化水平

高校要重视建立专业的心理辅导队伍,加强对大学生心理辅导的工作力度,需要增强心理健康教育者的思想政治素养,建设一支专业知识丰富且技能强的优秀师资队伍。心理健康教育是一项专业性很强的工作,心理健康教育者的专业技能和职业素质直接关系到心理健康教育的成效。为了避免由于心理健康教育者的失误给学生带来不良影响,高校要加强心理健康教育者的思想政治理论,引导心理健康教育者提高自身的思想道德水平,坚持正确的政治方向,加强马克思主义意识形态教育,具有良好的思想品德、职业道德、责任意识、敬业精神和正确的人生观、世界观,用科学思想和方法武装头脑。

(1)对从事心理健康教育工作者进行培训,不管是专职教师还是兼职教师,都要接受定期的培训。通过培训不断提升他们的专业知识和技能,从而更好地从事心理健康教育工作,帮助学生树立正确的价值观、人生观,为新时代大学生思想政治教育做好师资保障。

(2)高校要聘请专业的心理咨询师,壮大心理健康教育队伍,全方面地投入到对学生的心理辅导工作中,通过定期作出评价,适时疏导,坚定他们的理想信念,真正树立社会责任感,树立建设祖国、服务社会的崇高理想。

(3)拓展心理健康教育人才培养渠道。为了进一步提高心理健康教育对大学生思想政治教育引导作用的有效开展,高校可以建立心理健康教育实习基地,为在校的心理学专业以及相关专业的大学生提供实习机会。

(三)促进心理健康教育与思想政治教育的深度融合

高校应当重视心理健康教育和思想政治教育的相互融合。在新形势下,大学生心理健康教育教师要主动创新,拓展思路,把心理健康教育与思想政治教育有机结合起来,这样有利于发挥大学生的主体意识,增强思想政治教育的吸引力和感染力,使思想政治教育工作能够深入到学生心理层面,落到实处,从而提升大学生的使命感和责任感,更好地促进大学生的全面发展和健康成长。

学校在学生管理和心理健康教育的实践中,应该通过实施思想政治和心理问题预警机制和干预机制,深入学生细致观察。将思想政治教育落到实处,做到大学生的心坎上,最关键的就是要了解和掌握大学生的思想和心理行为,把心理健康教育融入思想政治教育的全过程。

(1)确定学生心理健康教育与思想政治教育的目标定位。任何政治信念和道德理想的确定都要受到科学的检验。通过对科学的探索,用科学的态度、方法去对待一切问题,包括选择自己的信念和理想,是新时代所普遍具有的特征。因此,使教育者树立科学的政治信念、道德理想已成为"双育"结合的首要目标。

(2)制定高校学生"双育"结合模式的方针。新形势下,主张两者有机结合,意在开阔视野,寻找思想政治教育实效性的突破口,改变现有的教学模式。把握学生"双育"结合的中心线,关键是需要了解和掌握大学生的思想和心理行为,把心理健康教育融入思想政治教育的全过程。

四、加强家庭、学校、社会合力

新时代大学生思想开放性强,不单单受到高校教育的影响,还会受到来自社会和家庭的影响。学校、家庭、社会分别承担着不同的思想政治教育的职责,三者进行有机的结合,相互补充和配合,才能确保思想政治教育取得良好的成效。

(一)增强家庭、学校与社会的合力教育意识

存在决定意识,意识是存在的反映。大学生理想信念合力教育意识也是如此。如果施力主体没有合力系统的意识,在大学生思想政治教育过程中,各吹各的号,各唱各的调,那么合力系统的实践就会流于形式。因此优化大学生思想政治教育合力系统的首要问题就是如何增强施力主体的意识和观念,通过各种教育和途径,切实让各种施力主体认识到,按照合力系统的要求来进行大学生思想政治教育对于家庭、社会、个人的重要意义,从而主动地、积极地投入大学生思想政治教育的实践中。

对于大学生思想政治教育的施力主体来说,合力系统意识的内容非常丰富,主要分为以下两个方面。

1. 合作意识方面　任何生活在社会中的人都会或多或少受到社会影响。大学生作为社会一员,处在人生中形成三观的重要阶段,源自社会的各种人及事物都会对大学生的理想信念产生重要影响。要想使这些影响相互配合,发挥最大作用,就要使大学生思想政治教育各个施力主体充分意识到积极参与、齐心协力合作的重要性,意识到大学生思想政治教育工作需要凭借各主体合力才能做好。

2. 系统意识方面　合作是牢固的初步地基,唯有在合作的基础上建立联系的、全面的、开放的系统意识,才能使合力最大,提高效用。只有明确以上新观念,转变传统单一的思维方式与想法,从系统的角度开展大学生思想政治教育各施力主体之间的合作,这样才能保障大学生思想政治教育合力真正落实、正向运行。

(二)明确合力教育目标,建立合力教育机制

在大学生思想政治教育合力中,学校、家庭、社会是传统意义上的施力主体,都对大学生产生思想政治教育作用。这三种要素的互动相对来说比较少,更多的是"一对一"的互动。对于这种情况我们应该激发合力系统的活力,促使三者合力实现思想政治教育的目标一致性。充分发挥学校合力的主力和指导优势,发挥社会的志愿作用,加大家庭的情感投入,形成一个学校为组织和引导、社会志愿服务和支持、家庭全身心投入的良好互动局面。注重三者之间的协调和统一,学校、家庭、社会都有不同的诉求,三者要探索建立一种高效的联动机制,通过协作体、教育圈等形式,三者形成目标一致、互相帮助、互相

促进、互相指导、互相推动的良好局面。

构建学校教育和家庭教育联动机制。大学生思想政治教育工作不能仅凭学校的"单打独斗",更多的是需要家庭教育的相互配合、相互补充。高校可以通过多种形式与家长主动联系并保持长期沟通,努力得到家长支持学校的教育教学方法、育人理念和学生成长机制。具体可以通过家访、家长会、定期电话等方式将家庭教育融入整个教育过程中来,及时有效地对学生思想动态进行有针对性的教育。

构建学校教育和社会教育联动机制。将学校教育和社会教育连接,巧妙地借用丰富的社会资源优化教育环境。当今信息化和网络化时代,大学生的思想开放,学习和生活容易受到社会环境的影响,信息化时代要求大学生思想政治教育工作要进一步与社会教育进行对接。具体可以采用社会实践活动的方式,使学生将所学到的知识真正运用到社会实践中,增加大学生思想政治教育的时效性。"知行合一"的实践活动,使大学生将已有的理论内化为行动的力量之源。

(三)强化校内各部门力量的合力

大学生思想政治教育是一项长期的系统工程。高校中所有教职工对此都负有重要责任,而不是某个学院、某个部门的任务。高校要形成思想政治教育的合力,可以从以下方面出发。

1. 教职工合力育人方面　一是改变对合力育人的认识,应当在全校范围内通过会议讨论、讲座宣讲等方式,改变部分教职工的错误认识,即思想政治教育仅是思想政治教育工作者的任务。二是增强合力育人意识,高校领导应当确定教职工在思想政治教育中需要承担的具体职责及任务,在适当场合用适当方式宣传合力育人教育理念,以提高各教职工对学生思想政治教育的责任意识。

2. 辅导员作用发挥方面　辅导员作为大学生活中与学生接触较多、联系密切的教师,无疑掌握着许多学生的"第一手资料",并非常清楚同学们的心路历程、思想变化及行为缘由。因此,辅导员可以从学生问题出发,以"对症下药"的方式,从大学生学习生活等各方面入手,帮助大学生解决问题,高效率引导大学生树立正确的人生观、价值观与世界观。

3. 导教结合加强合作方面　为了提高思想政治教育的趣味性与感染力,建议将思想政治教育课与其他专业课、公共课相结合,形成合力以多样方式开展思想政治教育。同时,将思想政治教育理念融入各课程教学过程中,加强学业导师和各课程教师之间的沟通交流,共享教学目标,开展合作教育,不仅增强了说服力,丰富了学习体验,也极大地优化了教育效果。

高校要形成思想政治教育的合力还要加强各个部门间的通力协作。在管理层面,高校党委对学校工作实行全面领导,承担管党治党、办学治校主体责任,把方向,管大局,作决策，保落实。在学校党委领导下做好意识形态的引领工作。在执行层面，党委组织部和党委宣传部要统筹协调，共青团、学生会以及艺术团体要通力合作，在共同的目标下，组织各种活动，在不断沟通中设置活动形式，在优势互补中合力做好对党的理论、制度的宣传工作。

第六章　新形势下大学生思想政治教育工作的创新路径

第一节　大学生思想政治教育的智慧课堂创新路径

一、大学生思想政治教育的智慧课堂分析

(一)思想政治教育中智慧课堂的现状

在互联网技术飞速发展的当下,多种现代化教学方式及理念在大学思政教学中得到有效运用,推进传统教学方式和理念改革创新,智慧课堂将教育和科技有效整合。智慧课堂目前并没有较高的普及程度,这种教学方式是全新的,诞生于高速发展的信息技术下,完全不同于传统的教学方式,因此会有很多阻碍存在于推广和应用过程中。从本质上来看,大学思政所使用的智慧课堂也存在很多问题,其中最重要的因素是教学的环境和方式,这会影响智慧课堂的效果。

(1)智慧课堂在思政教学内容方面的应用并没有对扩展功能进行完善,一般来说,思想政治教育的教学资源往往不会从众多教学资源中筛选出优秀的部分,所以,要让思政网络课程的选择范围进行合理的扩展,如此才能让共享思想政治教学资源成为现实。除了这个问题之外,许多教师对于使用智慧课堂还存在一定的疑虑,特别是如何对智慧课堂和互联网之间的关系进行妥善解决,不能客观认识两者之间的关联,或者出现任课教师对教学资源的选择与实际教学不能保持一致,这些因素都会对思政课的教学效果产生不利影响。帮助大学生培养和提升思想政治素养以及分析判断能力是高校开展思想政治教育的主要目的,但是很多教师还不知道如何选择教学资源,这也不利于提高教学活动产生的教学效果。

(2)高校思政教师对于教学目标的达成还存在一定的偏差,许多教师并不是以学生为出发点分析教学实践中遇到的问题,他们往往为了快速实现教学目标而将学生的感受和想法忽视了,这对思政智慧课堂的教学十分不利。部分教师并不能以踏实和认真的态度对待教学工作,往往以敷衍了事的态度对待教学活动。还存在一些教师的教学理念和思想观念受制于传统的思想政治教学理念,创新观念有待加强,无法在思想政治教学活动中融入现代化的教学理念,以至于在智慧课堂设备的应用过程中,无法将这些设备和技术的作用充分发挥出来,这些因素都会影响思政课的教学效果。

(二)思想政治教学中智慧课堂的应用

1. 智慧课堂教学理念推广　不断提升高校思想政治教育教学质量和教学效果,是高校在思想政治教育课程中运用智慧课堂的最终目的,要想实现这个目标,有效的宣传推广是必不可少的环节。高校里聚集了许多人才,师资力量和校园环境以及学习氛围都会影响人才培养的效果。为了不断提升思想政治教育的质量,思政教师要全面、客观地认识智慧课堂,对智慧课堂进行合理的使用,融入创新观念,让教学方法和教学模式不断优化。对于大学生来说,优秀的思政教师十分重要,高素质、高水准的资深教师能够深入挖掘学生的潜能,提升他们的思政素养。

思政教师也必须与时俱进,熟悉和了解信息化的教学工具和手段。在信息化时代,思政教育发展的必然趋势之一是全面普及智慧课堂。不仅要增强对思政教师的重视和培养力度,还要在推广和宣传力度方面不断加强;不仅要让学生和教师接受智慧课堂,还要让大部分家长充分肯定智慧课堂,如此才能将智慧课堂的效果和作用充分发挥出来。学生可以利用多样化的形式对智慧课堂进行宣传,或者利用观摩智慧课堂的课程,激发出学生对智慧课堂的兴趣,让他们了解和认识到智慧课堂的价值和优势。推广和宣传智慧课堂,能够让家长的教育理念发生改变,让家长充分认识到思政课程的重要性和价值,让更多的家长肯定思政教育。

2. 智慧课堂教学资源开发　思政教师利用智慧课堂开展思政教学活动时,要学会选择合适的课堂教学资源,这是由于教学资源的科学性和合理性,能够将更加优质的学习体验提供给学生,从而提升教学效果。在课堂教学深化改革的过程中,要有效开发教学资源,因为随着信息化的迅速发展,信息在网络平台上的传播速度更快、传播范围更广,学生利用互联网能够迅速对国家大事和热点新闻等相关信息进行获取,从而推动教学效果和学生政治素养的提升。

与时事政治教育相比,思想政治教育与其之间的差异还体现在本质上,但这也是智慧课堂的亮点和优势。通过时事政治教育,学生能够及时充分了解时事新闻,帮助他们增加学识、开阔眼界,在思想政治教育中时事政治也是重要的内容之一。教师开展时事政治教育活动时,首先要以社会的热点话题作为切入点,然后以这个问题为核心进行具体的讨论和论述,让学生充分了解其背后包含的知识,帮助他们迅速理解和消化新知识。因为智慧课堂的教学方式和方法与社会的发展相互适应,拥有丰富的教学资源,所以对智慧课堂教学资源进行有效开发对教学效果的提升特别有利。

3. 智慧课堂教学方法调整　　如今,在教师和学生的心中传统理念仍然扮演着主导角色,这会对思想政治教学的教学效果产生一定影响。从本质上来说,传统的教学理念会让学生的烦恼和教师的教学负担显著增加,无法让教学效果得到显著提升。特别是随着社会的迅速发展进步和时代的千变万化,教师的教学理念要与时俱进,加快现代化进程,只有将教育理念和教学模式不断更新才能提升思想政治教育的教学成效。所以,对于现代思想政治教学来说,新时代智慧课堂教学模式的构建至关重要。思想政治教学质量的提升和教学效果的提高,离不开智慧课堂和互联网之间的相互作用,将最佳的教学效果呈现出来。

4. 智慧课堂教学环境优化　　在大学生思想政治教育中使用智慧课堂,最重要的应用技巧之一是对智慧课堂的教学环境进行优化,究其原因,思想政治教学的教学质量和教学成效受到教学环境的制约和影响。特别是随着信息化技术的进步和互联网的广泛应用,在思想政治教育中,网络发挥了越来越重要的作用。这也表示,要将更多的创新意识和力量融入到思想政治教学中,才能够与时俱进。如果想让思想政治教育工作得到发展和提升,必须对教学环境的课堂进行优化。智慧课堂教学环境变化可以从以下三方面入手。

(1)增强思想政治教育和智慧课堂之间的紧密性。只有在思想政治教学过程中,将智慧课堂全面融入,才能将智慧课堂的优势充分发挥出来,进而有利于智慧课堂教学环境的优化。当两者之间实现完全地融合,思想政治教学的教学成效能够大幅提升,同时也能提升学生的道德品质和政治素养。

(2)将教育体制改革深入推进。为了与社会的发展保持一致、促进智慧课堂教学环境的优化,高校对思想政治教学的教学方式和教学模式进行制定时,要将当下的社会环境作为重要因素考虑入内,要深入推进教育体制改革。

(3)在网络舆论方面加强监督,对教学环境进行维护。互联网是智慧课堂的重要技术支持,所以高校要干预和维护线上教学的秩序。教学资源在智慧课堂的作用得到了最大共享,传播速度不断提升,让学生的学习和教师的教学更加方便,但也产生了一些新的问题,比如不良信息的传播也变得更加迅速,所以,对于教学环境的优化来说,网络教学秩序的维护也特别重要。

(三)思想政治教育中智慧课堂的作用

智慧课堂的重要场所和载体是智慧教室,智慧课堂在思想政治教育中的运用是以互联网高新技术作为基础,融智能化和现代化于一体的全新教学模式,这种教学方式与传统思想政治教育有很大的区别，打破了以往传统教学方式中单方向传授的制约。传统教学中从未涉及的视频拍摄、一体化多媒体设备和自动考勤都是智慧课堂的重要内容，在这些全新的教学工具和教学系统的作用下，大学生思想政治课程的教学效果将不断提升。

智慧课堂是一种全新的教学方式和模式，以各种智能化的教学工具和智慧教室作为技术支撑，教师提前将视频录制好，再结合教学内容与各类学习平台的学习资料搭配起来，最终将这些视频和资料汇总以视频的形式保存下来，形成永久式的教学视频提供给学生。这种教学形式不仅有利于教学质量和效果的提升，还将教学成本大大降低，学生们利用共享式的教学视频让他们的学习更加方便，有利于加强学生与学生之间、学生和教师之间、教师和教师之间的相互交流与沟通。对于教师而言，智慧教室作为一个优秀的教学平台，教师可以利用智慧教室将实践性课程和翻转课堂顺利完成。智慧教室不仅让采集信息的工作高效完成，而且共享资源也为教师营造了高效和轻松的教学氛围，有利于将学生的学习兴趣和主动性调动起来，让更加优质化的教学服务为他们提供，实现教学效果的最佳化。

远程教学是智慧课堂最大和最重要的优势之一，发挥直播的作用让信息的传播能力显著提升，共享资源和互动信息是智慧课堂的最大优势，如此一来，就算来自不同学校的学生也能利用智慧课堂学习思想政治。这种打破了区域限制的教学方式，并不仅仅是让学生观看教学视频，而是让学生参与到教师真正的教学过程中，这样才有利于学生在课堂中更快地融入其中，就共同探讨和解读一些热点话题和国家大事方面。智慧课堂利用大数据存储技术，首先考虑学生的学习体验，使得教学理念和教学活动始终保持一致，大大推动了学生的成长和学校的发展。

在高校教师课程的传播能力增强方面，智慧课堂发挥了重要的推动作用，究其原因，主要是在高校思政教学过程中使用智慧课堂，能够深度共享教学资源，还能对教学过程和成效进行系统性评价。这种资源共享的方式为学生和教师之间的交流与沟通清除了障碍，分组教学和翻转课堂等教学方式的使用有利于教学效果的提升。智慧课堂包含了多样化的形式，主要包括分组讨论和小型讲座以及视频直播等三种形式，对于思政课程来说，这些形式也产生了重要的作用。大力增强思政课程的传播能力，不断完善教学过程性评价，高度集中和收集教学数据，让获得分类化和模块化教学资源更加高效和便捷，从而增强了学生对思政课程的感悟和理解。

二、大学生思想政治教育智慧课堂的建设

高校不断完善思政课的建设，以新模式和新思路推动高校思想政治教育课程的革新和发展。全面推进"名师示范课"建设，提升思政教师的教学水平，培养更多的优秀教师。

智慧课堂将以往思想政治教学的限制和束缚完全打破,大大提高了教学的实效性和质量。特别是在现代化社会,智慧课堂在思想政治教育中更是发挥了举足轻重的作用,预期教学效果实现的前提是向学生真正传达思政课的教学内容。除此之外,还要注意,思政课程更重要的是育人,要在学生的学习生活中渗透思政内容,让学生受到思想教育的感化。

智慧课堂另一重要功能是可以完成全面并且系统的过程评价,将备课、讨论、探索等众多环节中所发展的核心内容加以整理,不断提升思政课的教学质量以及传播能力。智慧课堂的核心内容是为思政课教学改革创新提供新的模式,实现思政课由教材体系向教学体系有效转化,提高思想政治理论教育教学的实效性。显而易见,提高思政课程的传播能力在高校的思想政治教育中显得十分重要,智慧课堂极大地促进了思政课程的传播,在一定程度上还推动了思想政治教育的发展。

(一)思想政治智慧课堂建设的指导思想

高校开展任何教育始终要坚持以党的方针和政策、马克思主义哲学思想作为指导思想,高校的思想政治教育课程也是如此,始终要坚持科学发展观、对党的一切方针和政策拥护,从而将立德树人的宏伟目标实现。思政课程传播能力不断提升的原因主要是要为社会的发展和国家的繁荣昌盛培养出一代又一代为社会为人民服务的优秀青年,让他们对我国的国情有充分和深刻了解,承担起自己身上的使命和责任,为国家奉献自己的青春和力量,推动中华民族的伟大复兴和中国梦的实现。

智慧课堂拥有多样化的形式,因此思政课程的内容也更加丰富。智慧课堂充分发挥互联网平台和技术的作用,实现了网络共享思政课程所需的所有资源,比如,中国大学建设的MOOC学习平台就包括了许多版本的思政课程内容,智慧课堂结合线上教学和线下录制的方式,使思政课程传播能力不断提升,在学生的日常学习和生活中渗透马克思主义思想,可以促进思政课程教学质量的提升,有利于优秀思想文化观念的弘扬和传播。

(二)思想政治智慧课堂建设的重要意义

1.有助于教师夯实理论基础　在思想政治教育工作中,高校思政课程的宣传发挥着重要的作用,这也是开展思想政治教育的首要任务。智慧课堂基于互联网技术,能够将网络和媒体的作用充分发挥出来,让教师开展理论教学活动时更加高效,获得更好的教学质量。智慧课堂在高校思政课程中的使用也是创新意识和思想沉淀的应用,这取决于社会主义思想和意识。当然,智慧课堂也存在一定的缺陷,比如还需要进一步完善艺术和审美方面的内容,课程内容要时刻与社会发展保持一致、随时更新、与时俱进。思想政治教育工作提升的最好途径是开展正面宣传,一方面,可以对中华民族的优秀传统文化和社会主义思想进行传播;另一方面,也可以推动学生的思想道德和政治素养的提升。

除了开展正面宣传之外,还要利用负面打击的方式,将网络舆论监督的作用充分发挥出来,严肃处理违法乱纪行为。

不管思政课程的教学形式随着时代的发展发生怎样的变化,归根结底都是对教学内容和方法之间的关系进行妥善处理,这两者之间关系的处理情况决定了高校的思政建设情况。对于思政教师来说,智慧课堂能帮助他们对基本功进行巩固,不断提升他们作为教师团队的思想意识,重点是对建设理论内核的工作进行推动。对于思想政治教育来说,师资队伍的建设发挥着重要,师资队伍的全面建设关系到智慧课堂的不断完善,教师也应该对课堂的考核和嘉奖方式逐渐重视,积极鼓励学生不断研究和探索,向每一个学生传递思政课程的重要理念和核心内容。

信息技术的发展和互联网的广泛使用,需要高校积极利用媒体和网络的作用,将教育教学改革持续深入,不断完善和扩大思政课程的内容,让学生向着目标不断学习,让教师按照教学依据开展教学活动,总的来说,需要从多方面入手,特别是增强对话语创新、整体建设、内容创新和教材的统筹规划的重视程度。在思想政治智慧课堂中将我们党对中国共产党执政规律和社会主义建设规律以及人类社会发展规律的深化认识,马克思主义中国化、时代化和大众化凝结而成的最新成果,中国特色社会主义建设的最新进展都贴切、具有创造性和准确地体现出来。除了上文中所提到的内容,还要不断提升思政教师的教学能力,培养学生的社会实践能力和主观能动性,让学生将自己所学的思政课程理论知识运用到实践中,实现两者的完美融合,从而实现教学效果的最佳化。思政教师要将智慧课堂的优势充分发挥出来,合理使用教学设备和教学资源。

2. 有助于思政课程话语体系构建　智慧课堂在互动性和信息存储能力方面具有较大的优势,思政课程在政治性和思想性方面有着一定要求,因此,思政教师对智慧课堂进行使用时尤其需要注意,坚持和树立正确的道德品质和政治观念,并以此作为自己开展教学活动的指导思想,从而推动高校思政课话语体系的构建。构成该体系的主要内容——习近平新时代中国特色社会主义思想中包含的中国主张和中国方案以及中国思想,不仅对世界舞台上的政治话语产生变化,还对现代化的术语和全球化的术语产生新变化。

构建话语体系的基础和核心是实事求是。实事求是也是高校思政课程的基础,同时,高校思政课程还要对中华民族优秀传统文化以及马克思主义思想进一步弘扬,加强传播并对中国国情深入认真剖析,让学生始终坚持实事求是的态度,并且在解决国家政治事件发生的问题和热点话题中存在的各种问题过程时,要学会灵活运用话语体系。如今,社会十分重视大学生将中国故事讲好,这方面的内容也是思想政治教育的最终归宿,让学生将中国故事讲好、将中国力量进行传播。文字内涵的明确得益于智慧课堂的线上互动功能。民族精神的确立与中华民族传统美德和优秀传统文化的弘扬息息相关,为了让中华民族伟大复兴这个宏伟目标能够加速实现,对大学生群体开展思想政治教育至关重要,为学生培养和树立中国时代精神也是其中的重要内容。这样才能让中华民族优秀文化的魅力和内涵彰显出来,推动具有中国特色的社会主义国家的构建。

3. 提高思政课的传播推动机制

(1)生产机制。创新教学内容和矛盾的出现是生产机制的主要内容,从教学资源和技术方面为教师开展教学活动提供支持,是智慧课堂为思政教育做出的最大贡献,对学生的学习和教师的授课提供了很多便利。教师可以充分发挥教学资源的作用,对自己的教学方式和教学模式不断改进和完善,推动教学质量和教学水准的提高。教师也不会照搬照抄,大部分教师都会通过学习借鉴对教学方式进行创新,在教学活动中给予学生全新的体验。所谓的生产机制其目的是让教师对教学目标进一步明晰,将新的教学理念提供给教师,特别是实现思想政治教学和中华民族优秀传统文化的融合,让思想政治教育成为传播文化的重要力量。

(2)传播机制。在有利于高校思政课程传播能力提升的推动机制中,传播机制发挥重要作用,思政内容的阅读和传播是传播机制的主要内容。特别是随着信息技术的进一步发展、互联网的广泛使用,思政课程在网络和各种媒体的作用下实现了传播渠道的拓展和发展,但这也产生了新的问题——碎片化阅读。所以,高校对思政课程内容进行传播时,要将大数据的优势充分发挥出来,并且积极利用数字化传播媒介的作用和功能,对学生的生活方式和思维方式进行引导和调整。对于学生来说,将教学资源和学习资料充分利用起来,能增长自己的见识、开阔眼界,让自己的道德品质和政治素养得到显著提升,让自己成为优秀的社会主义接班人。

(3)发展机制。发展机制是高校思政课程提升传播能力的推动机制中一个重要的环节。完美糅合教学内容和教学模式是思政智慧课堂的一个重要优势,并且还能有针对性地系统检查教师的备课内容和教学资料。因此,智慧课堂在高校思政教学活动中的使用都有利于推动教学质量的提升,而且对于教师的教学水平和政治素养的提高也有很大的积极作用。

(4)影响机制。在推动机制中,影响机制是其中的最后一环,对课程内容进行整合是影响机制的主要内容。高校思政课程是否具有影响力主要体现在多元整合方面,将思政课程的教学方式、教学资源和教学模式进行整合与统一叫作多元整合。作为思政教育活动中的重要角色,高校思政教师必须具备良好的道德品质和政治素养,明确教学目标,不断了解和学习先进的教学设备与技术,帮助学生提升思想政治素养。只有不断优化思政课程的教育环境和平台,才能进一步提升思想政治教育的成效。除此之外,还要不断完善对思政课堂的监督机制,通过思政智慧课堂激发学生对思政课程的学习兴趣。

4. 拓宽思政课智慧课堂的实践　为了在教学实践活动中积极贯彻习近平新时代中国特色社会主义思想,国内的高校对于思政课程的实践活动愈加重视。这不仅与新时代环境下思想政治教育工作相适应,也是对思想政治教育改革的落实。在思想政治教育中,运用智慧课堂,有利于拓展思想政治教育的传播渠道,不断提升思想政治教育教学质量和教学成效,最终在思想政治教学活动中实现育人和教学的完美融合。换句话说,不断提升学生的道德品质和政治素养是思想政治教育的重要目的。

高校思想政治教育智慧课堂的建设需要注意以下几点:①保障机制的确定,在校园中营造出的校园氛围应该是轻松和愉悦的,要加大对思想政治教育课程的宣传力度。②始终坚持以人为本的原则,对思政课程的内容进行深入剖析,鼓励大学生在思政的实践活动中敢于参与、绽放光彩。③不断完善思政课堂的评价体系和监督体系,要以高校思政智慧课堂的建设为工作重心。总体来说,要对网络资源进行合理化利用,以思政课程的传播作为重点,让全网互联的政治治理体系不断完善。

第二节 大学生网络思想政治教育生态化的创新路径

要想使大学生网络思想政治教育生态系统能够健康、良性发展,就要遵照科学合理的基本原则与发展理念,借助恰当的方式方法,从优化各种构成要素着手,让大学生网络思想政治教育走上生态化发展之路。

一、大学生网络思想政治教育生态化的方法解读

教育方式的不同导致大学生接受思想政治教育的效果不同,这也是造成思想政治教育工作不稳定的主要原因。教育方式不同,所以成效也不一样,这就要求我们在进行思想政治教育的时候,与时代的发展进行有效结合,并加入创新元素。

1. 科技的创新与进步　在互联网发展如此迅速的今天,科技的创新与进步使得高校的教育也有了不同程度的提高,创新技术的进步与普及也是人类文明进步的显著标志。高校已经开始运用互联网技术改变以往的教学模式,利用市面上的各种软件将马克思主义理论有效地进行了传播,让受教育者获得的知识是建立在科学化、合理化的基础上,也有利于他们树立正确的价值观、人生观和社会观。在网络如此发达的大背景下,网络平台的兴起,让更多领域的人借助平台的优势传播理论教育知识,传播教育的思想与道德等相关的内容。而自媒体时代的到来,让更多优秀的人物事迹和社会正能量得到了极大的传递与推送,与此同时,政治教育的影响力也迅速扩大,同时也达成了教育的真正目的。

2. 让思想水平达到一定的高度,一定要与网络道德实践相结合　辩证唯物主义提出认识来源于实践。所以让大学生充分地提高自己的认知水平,开阔他们的视野,拓宽知识面,一定要引导他们多去参加有组织、有纪律并富有教育意义的网络实践活动,活动的

形式不一,可以是弘扬红学的内容,也可以是社会调研,还可以招募志愿者等形式,最终目的都是让他们能够在这些活动中感受不一样的人生体验,进一步提升自己的认知水平和道德高度,并全面提高思想品德上的认知,提高责任心,明白集体主义的重要性。

3. 深入地影响其思想,让师生之间的交流更和谐　大学生与教育工作者之间的交流应当建立在平等和尊重的基础之上,无障碍的沟通以及思想上的高度契合,也是交互式教育的主要目的和显著的特点。沟通交流中,虽说教师占据主导地位,但是师生之间的关系如果不能融洽地相处,交流中总是存在或多或少的障碍,也会让教学工作大打折扣。所以师生之间的交流方式要使用多种多样的形式进行,不拘泥于课本上,开展深层次的、多元化的交流方式,正面引导学生对问题进行深度思考,并且将交流的主题以网络为载体,一对一指导交流,采用多种形式,利用微信、电子邮件,线上线下相结合,确保师生交流能够顺畅进行。这样的方式恰恰也是当今社会推崇的有效手段,深受学生欢迎,突破时空限制,在网络上将思想政治教育工作有效地推广开,有助于提升当代大学生的思想认知高度。

4. 在网络层面开展教学　这不仅提升了教学水平,更让学生借助网络自主地去学习,通过现实与虚拟之间的描绘,让学生加深印象,理解起来更容易,这也很好地让思想政治教育通过网络得以有效地进行。网络思想政治教育的目的就是让受教育者能够尊重客观事实,可以身临其境地去体会这样的教育,也让网络思想政治教育能够取得一定的效果。在网络上,以虚拟的形式让他们体会革命先烈们的不易,亲身体会这样的过程,加深爱国主义情怀,再利用虚拟现实技术,让他们去感受黄赌毒带来的危害,树立正确的思想观念,杜绝在现实中去感受的可能性,让他们的身心健康良性发展。

5. 线上与线下有效结合　如果线上线下课程不能有效地结合起来,教育的初衷也就无法实现,这两者之间一定是互惠互利的,各自都有各自的优势和特点,应该各取所长、有机结合,让思想政治教育工作得以更好地开展,各自发挥优势和作用,让教育回归本质。高校平时更要将二者融合在一起,结合客观实际,让网络平台的思想政治教育正向发展,育人育己。

二、大学生网络思想政治教育生态化的路径探索

构建大学生网络思想政治教育生态化,需要解决的问题就是如何让大学生网络思想政治教育文化平衡持续发展,需要发挥社会主义核心价值观对社会思想的引领作用,然后以大学生网络思想政治教育的构成为基础,使构成要素之间更加平衡,以此来促进网络思想政治教育的生态化发展。

(一)坚持社会主义核心价值观的引领

在建设高校网络思想政治生态化时,要把握意识形态的大方向,全面认识文化生态

具有的多样化特点。

首先，要让社会主义核心价值观充分发挥应有的作用，引导大学生网络思想政治教育朝着社会主义的方向前进，把握住社会主义国家意识形态的底线。高校一定要控制好社会主义国家意识形态的网络环境，以生态文明建设为原则，培养全面发展型人才，让每个人都发挥自己的优势，构建安全校园环境，为我们的国家的综合实力提高贡献一份力量，打下坚实的基础。

其次，文化发展到今天，是社会实践活动的产物，也遵循了自身的发展规律，文化在一定程度上并不以人的意志为转移，具有一定的多样性和客观性。文化的多样性，也是网络文化生态体系可持续发展的前提。在网络思想政治教育生态化发展的过程中，一定要摒弃不良文化、垃圾文化，让大学生关注的文化教育焦点一定是还原文化本质，所以高校在网络文化教育的同时，一定要占据主导权，遵循文化多元化发展的同时，一定不能偏离社会主义核心价值观的核心内容，发扬优秀的传统文化，结合实际引领生态文明建设。

(二) 提升思想政治教育工作者的水平

当今社会，教育工作者的水平参差不齐，教育工作者的综合能力与素养也决定了网络思想政治生态化建设的关键，高水平的教育工作者势必会推动这一生态化建设的高度，所起到的作用也是不可忽视的，提高教育工作者的水平可以从以下几点着手进行。

1. 让网络思想教育者的总体素质得到提升　首先，正确的政治素质是教育的前提，上梁不正下梁歪，端正自己的思想立场，树立正确的思想品质和政治素养。在烦冗复杂的网络文化盛行的今天，如果没有足够的自制力和意志力，就谈不上教书育人、为人师表，一定要时刻保持清醒的头脑，这样才能更好地开展思想政治教育工作；其次，对待任何事物一定要看多面性，时刻去想着创新和创造，利用发散性思维去探索一切的可能，这样也能为工作带来助力；最后，明白大学生只是网络文化的主体一部分，要全面了解当代大学生的思想和行为习惯，将时代的发展和当下的潮流因素结合起来，不断地改变教学方式，灵活多变地去教学。

2. 高校的思想政治工作一定要有规则约束　高校的思想政治教育工作并不轻松，有两点必须做到：首先，让网络思想政治教育和现实思想政治教育维持一定的平衡，在关注大学生现实生活需要的同时也要关注其对网络方面的要求，两方面都兼顾；其次，要建立一个平台用于和大学生的交流，这样才能更好地普及相关的知识。现如今的网络平台形式多种多样，有腾讯 QQ 以及现在用途较广的微信，作为普及文化知识和传授思想政治教育工作的载体，它们的重要性不言而喻。当然，除了网络平台以外，现实生活中的交流也必不可少，可以适当地开展有关思想政治教育工作的议题活动，利用社团组织把大学生的积极性调动起来，使其面对面地交流，把主体思想及时代成果通过这样的方式传递出去。

3. 网络思想政治教育培训机制的建立势在必行　大学生培训机制的建立可以从以下两个方面来进行:首先,政治思想的培训,为了更好地普及政治知识,提高学生的政治面貌和理论水平,要确定培训大方向,成立网络思想政治教育专项队伍,对大学生展开一系列的培训;其次,业务水平的培训,空有理论知识,不能付诸实际,也是能力的缺失,所以,教育工作者要站在学生的立场上,让学生掌握基础的计算机应用知识和技术,并进一步了解网络思想政治教育的规范,了解当下流行的网络文化。

(三)协调网络思想政治教育师生关系

在大学生网络思想政治教育生态体系中起主导作用的是人,为了有效地促进大学生思想政治教育的生态化建设,一定要注重教学过程中人与人之间的相处,也可以说友好、和谐的相处之道是增进师生之间感情的关键,只有这样,才能保证教学效果,这充分体现了二者之间合作的重要性。

1. 培养教育者和受教育者的身份认同意识　大学生网络思想政治教育区别于其他的教育工作,教育者和受教育者之间的客观存在性是最本质的区别,相互认同彼此之间的存在、师生之间交流的融洽,都需要二者之间的彼此信任,彼此尊重。

(1)要树立教育者和受教育者对自我身份认同的观念,只有这样,才能使双方都各自发挥主观能动性,本着对思想政治教育的热爱和坚定不移的信念,在未来的自我提升、自我发展中获得社会的认可。

(2)在教育者和受教育者实现虚拟世界与现实世界的转换时,要本着身份的统一和连续性原则。网络世界和现实空间都是人类活动的空间,把握好尺度,让教育者和受教育者在自我身份认同的时候,能够将二者统一起来,使网络思想政治教育不管是在线上还是线下都是一样的效果,不是相互独立的存在,使网络思想政治教育实现线上和线下的连续和统一。

2. 以网络世界为桥梁建立师生关系　试着去构建一个完整的网络情景,让师生各自扮演不同的角色,体会真实的交往感受,把师生之间存在的种种问题演绎出来。

(1)师生之间的关系是否和谐不能单从表面上去看,主要看的是教育者传授出来的知识能否被受教育者消化和吸收,这就需要教育者在授课模式上下功夫,不人云亦云,从受教育者的兴趣出发,吸引他们的注意力,再把相关的知识点穿插进去,让受教育者不只是在听,还要参与进来,互动式的教学一定优于被动地接受。

(2)在掌握网络实际操作技术过程中,利用网络的优势,融会贯通需要传授的知识。

(3)要优化网络思想政治教育的内容,合理安排课程,确保给受教育者传播的知识是富有正能量的,还要方便师生之间的交流,达到互动的效果。

3. 大学生网络思想政治教育一定不能违背"以人为本"的原则　大学生思想政治教育工作,是面向所有的人,目的是让所有人都成为全面发展型人才。教育者对每个受教育者都应公平对待,要站在对方的角度去思考问题,用发展的眼光看待问题,因材施教,教学方案的制定不能千篇一律,一定要因人而异地制订相应的教学计划,激发每一个学生的内在潜力,为社会培养全面发展型的合格人才。

4. 要让受教育者拥有主体意识　主体意识是让学生具有一定的话语权,在一定的情境下占据主导地位。培养其主体意识,也是让他们能够更好地发挥自己的优势,具有一定的鉴别能力,也促使教育者和受教育者之间的关系更融洽,并且可以提高受教育者的积极性和主动性,使其更好地参与网络思想政治教育活动。

(四)构建网络思想政治教育生态环境

生态环境的内涵十分丰富,它是指一切对思想政治教育活动开展及其效果产生影响的内外部因素之间的关系及结构的总和。因此,生态环境的分类有内外环境之分,若以系统层面生态环境为前提,推动思想政治教育生态化发展的又有三大类,一是网络技术环境,二是网络社会环境,三是网络文化环境,这三方面的构成使得网络思想政治教育生态化环境的建设更加全面和完善。

1. 高校网络虚拟环境的建立　互联网技术的发展与进步带来的好处充分体现在高校网络虚拟世界的成立,为了让大学生更好地在实践中获得思想政治教育的相关知识,专门去模拟现实世界,把现实生活中的案例引入虚拟世界中,在虚拟世界中构建社区环境,通过对社区的管理来引导大学生的各种思想行为,还原真实场景,使其更好地感受未来发生的可能性。

(1)依据班级类型,划分不同的虚拟社区。将网络社区划分成不同的板块,根据班级情况,以QQ群、微信群、微博群等形式进行划分,让更多的学生参与到不同的社区群中,再利用常见的贴吧、留言平台等进行无缝衔接交流,这样也增加了学生之间和师生之间的黏性,让关系更和谐,更利于开展班集体实践活动,也为网络思想政治教育系统工作的全面开展奠定基础,形成良好的校风和校园生活环境。

(2)共建友好的虚拟社区文化氛围。虚拟世界的美好虽然让人向往,但容易沉迷其中、不可自拔,所以一定要让学生分清现实与虚拟之间的关系,找准平衡点,因势造势,放大有利的,弱化有害的,让每一个学生都能在二者之间切换自如。

2. 网络文化环境的建立　网络文化环境对大学生的网络思想政治教育有着深远的影响,和谐文明的网络文化环境一定会启迪人的智慧,让人内心向善,不受外在大环境影响,引发他们内心深处的共鸣,这也是网络思想政治教育工作的重要性所在。

(1)要体现在网络文化的人文关怀。技术的创新自不在话下,但一定要把人文价值凸显出来,人文关怀和网络技术之间的平衡是构建和谐网络文化的关键。

(2)学生科学正确的价值观的培养要在传授知识的同时进行。社会大环境是复杂多变的,大学生尚未步入社会,缺乏一定的辨别能力,所以,掌握足够的理论知识并深入理解其存在的内在价值,是在学习网络思想政治教育活动过程中必须思考的问题。价值的形成一定是有他的真理,所以正确的价值观引导是重中之重,为避免日后误入歧途,一定要指引正确的方向。学生在校园的生活环境里,各方面的认知水平有限,心智不够成熟,生活习惯也单一,所以通过软性传播的方式,去改变他们的思想观念,这也是拉近彼此之间关系的一个契机,也方便去推广大学生网络思想政治教育。

3. 校园网络安全管理的构成　校园网络安全对网络环境来说是重要的一环,只有安全的网络环境,才能让学生心无旁骛地去学习相关知识和技能。安全管理可以从两方面入手,一是硬件,二是软件。硬件上需要制定完善的规章制度以及使用制度,技术层面上也要有相关的创新机制;软件上可以考验对上网行为的管理技能和水平的高低,也利于培养软件开发方面的人才。

（1）硬件方面,好的硬件设施是学生安全上网的前提,网络的正常运行一定是建立在一定的规章制度上的,如果人人都任意而为,那么各项工作的开展都会受阻,这就要求学生有自我管理的意识。网络安全管理是利用相关技术来进行的,比如常见的防火墙可阻止病毒入侵、不良网站的跳出等,这些都是技术层面来解决的(利用防火墙来防病毒入侵及入侵检测等技术手段去加强网络安全管理)。

（2）软件方面,不断提升软件技术水平,为校园网络配备专人管理,这也是保证网络安全的关键。进行专人管理,是为了让学生具有主人翁的意识,从而规范自己的行为,在网上学习与娱乐的同时,注意分寸,养成良好的上网习惯。

（五）搭建思想政治教育网络信息平台

搭建一个方便、快捷的思想政治教育网络信息平台对大学生来说至关重要,既然作为网络信息平台,就应该发挥其应有的作用,服务于学生,让他们能够更好地利用平台去解决实际的问题。

1. 成立专门的主题网站应以思想政治教育为核心　为使学生的学习内容知识面更广,涵盖的内容应是多种多样的,所以,一定要结合各个网络平台现有的优质教育资源,扩充容量库,让更多的人去关注网络思想政治教育并及时普及推广出去。除此之外,也要规范网络信息资源,不光要提倡爱国主义教育、思想道德教育及公民三观教育,更主要的是要让学生能在平台上进行心理咨询的沟通和交流,让师生之间、同学之间能有一个诉说彼此需要的机会,丰富大学生的内心。

2. 成立关于思想政治教育类的图书馆　与线下图书馆雷同,成立专门的线上图书馆,更方便学生去查询需要的信息资源。随着互联网信息技术的发展,网上图书馆的建设也因此带来了极大的便利,可以把有关的思想政治教育知识作为一项专门的主题,以信息资源的形式去推广和利用。相比一般的搜索引擎,思想政治教育图书馆的优势有很多:不同的学科分门别类,也可将论文类、电子书籍类、报纸期刊类等一一分类,方便查阅。信息内容多而广,大学通过搜索思想政治网上图书馆,就可以获取专业的、系统的思想政治教育信息资源。

由此可见,网络思想政治教育信息平台的建立实现了教育者和受教育者之间的生态平衡,更好地维系了二者之间的关系,促使了教育环境的良性可持续发展,也实现了大学生获取信息资源的最佳途径,更让思想政治教育网络信息资源得到了推广。

第三节　中华优秀传统文化融入大学生思想政治教育的路径

一、中华优秀传统文化融入大学生思想政治教育的意义

(一)中华优秀传统文化融入大学生思想政治教育的可能性

弘扬中国传统文化一直以来都是我国教育的重要宗旨。教育要以人为本,这一理念贯穿于我国教育的悠久历史,是教育事业的核心价值所在。从古至今,教育始终以培养德才兼备的人才为目标,而思想政治教育作为教育的重要组成部分,其目标与其他教育目标高度一致。教育若脱离了"人"这一主体,便失去了其根本意义。

中国传统文化与大学生思想政治教育的融合,正是因为二者在理念上的一致性。无论是传统文化还是思想政治教育,其最终目标都指向提升个体的政治素养和道德品质。尽管二者的目标指向相似,但在教育模式上各有侧重,各有优势,因此二者之间具有很强的互补性。传统文化以其深厚的历史底蕴和丰富的道德智慧,为思想政治教育提供了丰富的素材和文化底蕴;而思想政治教育则通过现代教育手段和方法,将传统文化的精髓转化为当代大学生的思想动力和行为准则。

1. 目标一致　中华优秀传统文化与思想政治教育在育人目标上具有一致性。二者都致力于提升道德素养、促进全面发展,培养具有高尚品质和爱国情怀的人才。

(1)都注重提升道德素养。中华优秀传统文化强调"修身、齐家、治国、平天下",注重个人品德修养与社会责任的统一。思想政治教育则致力于培养学生的社会主义核心价值观,二者在道德教育上目标一致。例如,传统文化中的"仁爱""诚信"等理念,与社会主义核心价值观中的"友善""诚信"高度契合,能够为思想政治教育提供丰富的思想资源。

(2)都注重促进全面发展。思想政治教育不仅关注学生的道德修养,还注重其综合素质的提升。中华优秀传统文化中的哲学思想、文学艺术等元素,能够丰富学生的精神世界,提升其人文素养和审美能力。通过将传统文化融入思政教育,可以更好地实现学

生的全面发展。

（3）都注重实现国家发展目标。中华优秀传统文化强调个人发展与国家命运的紧密联系，倡导"天下为公""民为邦本"等理念。思想政治教育则以培养社会主义建设者和接班人为目标，二者在服务国家发展、实现民族复兴的使命上高度一致。

2. 内容相通　要将传统文化教育与思想政治教育融合起来，可以从整体内容上入手，如在理想及科学方法上就有许多相关的地方。

天下为公，世界大同，这是传统文化的思想。而我们现在的主题思想是围绕马克思主义为基础，对学生教育的核心是共产主义，从思想教育层面上看，二者之间是有着相似的理论，存在互通关系。理想的共产主义即马克思主义是关于全世界无产阶级和全人类彻底解放的学说，其核心思想就是无产阶级专政。大道之行也，天下为公，讲的就是这一观念，理想的社会主义之下，人人生而平等。

现代的思想政治教育围绕的是马克思主义思想，也就是辩证的唯物论和历史的唯物论，这也是世界观和哲学问题。辩证唯物论也就是辩证唯物主义，它是把唯物主义和辩证法有机统一起来的科学世界观，是唯物主义的高级形式。它认为物质第一，意识第二，事物都是一分为二的，事物矛盾双方又统一又斗争。世界按照它固有的规律运动，从简单到复杂，低级到高级，不停变化和发展。历史唯物论也就是历史唯物主义，历史的所有事件发生的根本原因是物质的丰富程度，社会历史的发展有其自身固有的客观规律。物质生活的生产方式决定社会生活、政治生活、精神生活的一般过程，社会存在决定社会意识，社会意识又可以塑造与改变社会存在。物质生活决定上层建筑，传统文化比较看重的是让人们将学到的理论知识更好地运用到国家实事中，学以致用。历史的繁荣昌盛一定是要民心所向、物质丰裕、百姓安居乐业。

由此可知，弘扬中国的传统文化，提炼其精髓，与思想政治教育理念相结合，增加二者之间的共性，使其有效地融合到一起，以此作为突破口，进一步丰富思想政治教育的内容，充分地挖掘其丰富的文化内涵与底蕴，使思想政治教育能够在中国传统文化的基础上再次升华，脱颖而出。

3. 互补性　大学生是祖国的希望、民族的未来，因此，对其进行思想政治教育势在必行，教育方法种类繁多，主要有理论灌输和自我教育，实践锻炼和榜样示范以及咨询辅导和比较鉴别等。由于理论灌输法的灌输力度和教育强度都比较大，所以是运用最多的一种方式。思想政治教育是一门意识极强的学科，对大学生世界观、人生观、价值观的形成具有极强的影响力，由于他们尚未走向社会，所以，不能只将空洞的理论知识浇灌到他们的思想中，要结合实际并以当下的文化背景作为铺垫，现代的大学生，随着社会的发展和进步，填充式的教学已经满足不了他们的要求，也无法将思想政治教育的理论真正地植入到他们的脑海中，所以一定要摒弃以往的授课形式，另辟蹊径，激发他们学习的积极性。

网络信息时代给高校思想政治教育造成了一定的影响。社会的进步和科学技术的发展,使网络信息时代快速到来,且已经渗透到人们的生活中,互联网在给大学生带来丰富的课余生活和极大的方便同时,也给他们的生活和思想带来了极大的转变。这无疑增加了思想政治教育工作者授课的难度。与现实生活的结合度不高,只侧重于书面理论的学习,忽视生活中的实际表现,授课方式过于传统守旧,不能设身处地地从学生层面出发,更加不能个性化和人性化的教学,这种种表现都反映出教育观念的落后,缺乏创新和创造。这样的教学方法不仅不能及时地去传输相关的理论知识,还丢掉了教育的初衷,被动的灌输非但达不到教育的目的,反而容易引起学生的逆反情绪,进一步影响其身心健康发展。

如果将这些理论知识通过集体授课的形式去传授,存在的问题也显而易见:学生很难在短时间内将这些枯燥的理论知识消化、吸收,仅仅只是简单地读写背诵,根本没有理解其真正的内涵,这样就导致了思想政治教育与传统文化无法融会贯通。如果思想政治教育课不能让学生学以致用,反而让他们产生逆反心理,那么这些课程一旦开设就会引起学生的反感,不仅让学生失去了学习的兴趣,更不能使马克思主义的理论知识深入人心,就更谈不上思想政治教育的发展了。

思想政治教育并不是狭义的理论概念,其自身具有的人文精神和文化属性更是无法掩盖的光芒,如果其只把意识形态作为重点,那么光芒就会被遮掩。这也是当下我国亟待解决的问题。之所以说它不是一个狭义的概念就是因为它的内容和形式都被赋予了广泛的定义。既有理想信念教育,又有思想教育,既有对人文素质的培养,又有对文化修养方面的塑造,二者相互依存,齐头并进。如果一味地追求传统教育方式,那么教育的过程中就缺失了人文精神和文化属性。而我们的传统文化延续至今日,恰恰可以弥补这种教育中的不足和缺失。具体原因有以下几方面。

(1)备受推崇的传统文化,是从文化的层面去让人感知,其特点就是以文化人、以文育人、以文传人,不会将知识强加到人的脑子里,自发地让人受到它的感染,主动去吸取知识,从而改变自己的心态。一旦感同身受,就容易产生共鸣,直接把这种文化内涵所形成的行为意识或品质等纳入脑海里,甚至是心灵深处。

(2)中国的传统文化是我国所特有的,传统文化源远流长、博大精深,与世界上其他的民族文化不同,独树一帜的文明品格,形成了人们独特的思维方式和行为方式,支撑着中华民族生生不息、代代相传。传统文化把人的自觉性看得很重要,通过自省、慎独和内省等方式,来自我反省,找出自己的不足之处,一边反思一边学习,使自己的道德修养得到提升。独有的传播特性也有力地弥补了思想政治教育中的不足之处。中华优秀传统文化是中华民族的精神命脉,也是我们深厚的文化软实力,教师通过自我认知和思想上的高度碰撞,将学生带到这种氛围中,将思想政治的内容与传统文化的价值观内外结合,既有政治内容,又有伦理意义,这种教学无疑使师生的认知达到了一定的高度。

(3)传统文化是将理论与实践高度结合的产物。中国古代的哲学家认为,外在行为受内在意识支配,只有由衷向善的人,才有外在自发的善行,即人们所说的知行合一。知行合一是良知,也是文化的核心。知即道德意识和思想意念,行即道德践履和实际行动。二者互为表里,不可分离。这也说明了知行合一是一种"省察克治"的唯心主义道德修养学说,这一教育思想运用到思想政治教育中,对当下的大学生或青少年都有很好的教育意义。知行合一,提供了科学务实的思维方法和精神动力,提升了学生的道德人文素质。

海纳百川,有容乃大,中华民族自古以来就是一个海纳百川、思想观念丰富的民族,这样的优良传统在发展的过程中,一定有其可取的闪光点,要从正反两面去看待任何事物,培养学生海纳百川的气量,当代思想教育要善于借鉴、善于利用现代的技术,结合优秀的传统文化理念,改变单调的教育模式,将文化引入思想教育中,将不足之处弱化,根据教育力度与教育方针,不断完善教育方法,引导大学生培育和践行社会主义核心价值观,与传统文化相承接,树立正确的世界观、人生观、价值观。从宏观的角度去看待传统文化,结合实际,引导全民的认知水平达到新高度,增强全民素质、全民的思想政治水平、道德高度等,让教育真正实现"教"与"育"。

(二)中华优秀传统文化融入大学生思想政治教育的时代意义

1. 中华优秀传统文化融入大学生思想政治教育的实践意义　中国的传统文化博大精深,不管是校园文化还是社会文化,处处都有传统文化的影子,传统文化在中国人心里早已根深蒂固,我国是文明大国,所以我们接受的品德方面的教育尤为突出,品德教育也成了一门独立的课程。人们的德育思想也在不断地更新,从以前的男尊女卑到现在的人人平等,一切都随着社会的文明而发生了改变,它也经受了岁月的洗礼,影响着千千万万的华夏儿女。我们常说,少年强则国强,少年文明则国文明,而作为国家的接班人,当代大学生思想品德的好坏更是影响着整个地区或国家的文明,具有美好的品德才能更好地成就自己,为祖国的文明建设添砖加瓦,所以它的作用不容忽视。

不管是幼儿园、小学、初高中、还是大学,学校里的校训里面都会有关于德育方面的简语,如俭以养德、求真务实、立德树人等,一个人只有身正才能行正。大学是我国培养人才的主要地方,进入大学之后,每个人都已经是成年人,思想独立,意气风发,毕业之后都将进入各行各业,服务于社会。所以大学里的思想教育则尤为重要,这是对自己人生价值观的重新认识和洗礼,学校的责任是为国家培养更多的有志之士。社会的快速发展,对人才的要求也越来越严格,尤其注重人才的品德素养,很多企业在招聘时也会对应聘者的品德进行测试。所以在大学整个学习阶段,不管哪个专业都会对学生进行思想教育方面的学习教育,使学生树立正确的人生观、价值观。

从教育内容上进行分析,可以发现,在我国传统文化之中具有极其丰富的文化思想内容,而正是由于这些内容的存在才形成了具有独特风格的传统文化及我国独有的教育体系。古时候的人们认为"内圣外王"便是人生的最高境界,导致人们十分注重修身养性。孔子作为儒家学派的创始人,他表明"见贤思齐焉,见不贤而内自省也",他教导我们不管什么时候都要学习别人的优点,当看到别人的缺点,不要先去批判别人,而是反省一下自己是不是也是这样,如果是就改正,如果不是,就告诫自己,不可以往这个方向发展。一个人不应该时刻去关注别人的问题,而是要发现自己的问题,"吾日三省吾身"说的就是这个道理。人都喜欢和品行优秀的人交往,而不喜欢和那些只会嘲笑别人、看不起人的人交往。孔子认为教育还应该有自我修养的提升,这样才算是学习的最高境界。

孔子对自己有着极高的要求,而他的学生孟子也提出了性善论这样的人性论。他认为人的本性都是好的,不善就是违背了自己的本性。直到现在,我们也常说:"不忘初心、方得始终。"我国是文明古国的原因就是我们一直没有摒弃那些优秀的传统文化,一代代薪火相传,延续至今,且呈燎原之势。

思想品德的教育不能采用灌输的方法,人都是独立的个体,有独立思考的能力,孔子曾经也提出"因材施教"和"启发式教学"的教育方法。这种教学方法的实施积极调动了学生学习的积极性,从"要我学"转变到"我要学",大大提高了学生对知识的理解掌握水平,并且这种方法也沿用至今。

现代的思想政治教育体系很大程度都是过去那些先贤总结得来的。中国突飞猛进的发展,离不开他们的不断创新,在摸着石头过河的岁月里,积累了大量的经验,然后取其精华,去其糟粕。随着信息数字化时代的快速发展,国际交流越来越普遍化,很多人开始崇尚西方的教育,觉得中国的传统文化老土落伍。甚至一部分崇洋媚外达到一种病态心理,觉得外国的月亮都比中国圆。这显然是不对的,我们的教育需要改革,但是不能照搬照抄,适合别人的不一定适合我们。教师要了解学生的思想观念和学习态度,对课程结构和课程模式重新进行调整,制定出适合我国学生成长的新型教育模式,让我国的学子被我们的中华传统文化所吸引、所折服。

思想政治教育是学生时代最重要的学习之一,它影响着学生的品行,也影响着国家的文明发展。传统文化的魅力能不能大放异彩和他们有着直接的关系,所以课程的设计不能继续因循守旧,而是要打破原有的教学模式,对课程重新进行设计,适应现代社会发展,让学生切实感受到传统文化的魅力所在,这就需要学校和老师在教学中进行部分调节,可参考如下方面。

(1)要注意对原先的课堂式教学模式进行改革,增加课堂吸引力,吸引学生愿意去听课,愿意去学习。

(2)需要提升教师的思想道德素养,只有教师本身的道德素养过关了,学生才会变得更加优秀,做到真正的"亲其师,信其道"。

(3)专业的师资队伍建设。"问渠那得清如许,为有源头活水来",教师就是那源头的活水,所以教师在进行课程研究和讲授时一定要对课程进行全方位的设计,改变固有的授课方法,可以和同组其他人员合作交流,大家集思广益,开拓创新,打开课堂新局面,使学生们爱上这门课程,活水源源不断,那么渠水肯定是奔流不息,这样的课堂也肯定是非常受学生欢迎的。

(4)发挥学生个人主观能动性。教育的主体是学生,而不是老师,教师应该是一个指导者,这样才能调动学生学习的积极性。学习效果才能显著。需要从以下两个方面进行调整:一是思想教育的渗透,枯燥的说教不仅不会受学生的喜欢,甚至学生还会产生抵触心理。因此,对学生进行潜移默化式的教育,让学生从课堂中体会传统文化和思想教育的联系,既完成了教学目标,又达到了教学效果,一举两得。二是尊重学生,老师不能仗着自己是老师就觉得学生低自己一等,这样只会让学生更讨厌自己,如果一个老师容易相处,那么他所教的那门课程就不会太差。不管何时,教师都要尊重学生,引导学生,激发学生的主观能动性。思想教育课程的改革不是一朝一夕就可以完成的,需要做的工作还有很多,距离人人爱上传统文化、深入了解传统文化还有一段很长的路要走,需要教师的坚持和努力。

(5)课堂氛围的营造。课堂氛围对课堂教学效果有着直接的影响,传统文化相对来说比较枯燥无味,所以要改善学生的课堂状态,课堂气氛的调整则对课程的教学有着很大的改善作用。多媒体教学,参观文化基地,开展专家学者的知识讲座、学生之间的合作交流、校园文化节等,增加课堂的趣味性。人一旦有了趣味性,就有了探索的动力。在这些活动中,学生们也会对传统文化进行深入的了解,打破自己之前的片面认知。从而提高了自己的学习能力,刷新了自己的认知,对自己的人生观和价值观重新定义和规划,也利于学生人格的健全形成。

2. 中华优秀传统文化融入大学生思想政治教育的应用价值　学校是为国家培养人才的主要场所,学校的作用就是教书育人,而最关键的不是教书而是育人。每个国家的文化各有不同,传统文化教育是我国教育里面的重要组成部分。一个国家想要发展,就必须有强有力的根基,若摒弃过去所有的一切,把别人的文化不加筛选全部照搬照抄,那么这个国家肯定壮大不起来。从古至今,我们都受到美德的教育,如"老吾老以及人之老,幼吾幼以及人之幼""家国平天下",不管什么时候,都对国人的品格发展有着要求和约束。即使到现在,我国的道德教育在国际上也是遥遥领先,中国的传统节日也对这些进行了完美的阐释,人不是因为学历高而优秀,而是因为品质好而优秀,国家也是因为国民品质优秀而文明强大。

我国的传统文化对于国家的发展有着深远的意义,国家的每一步发展都离不开传统文化的支撑。大到国际关系,小到人与人的交流,最直接的影响是国家稳定,百姓安居乐业,孩子有学上,看病有医保,老了有保障……传统文化在岁月的长河不断地经受洗礼,不断地沉淀,逐渐形成了我国特有的传统文化,使我国成为国际上闪闪发亮的文明大国、礼仪之邦,影响范围之广,意义之深远,奠定了我国的国际地位。它和思想政治紧密相连,互相影响,为我国思想政治工作的开展奠定了良好的基础。如何将中华优秀传统文化更好地融入大学生思政教育,有以下几方面可供参考。

(1)提升学生的思想修养和文化素养。我国的教育主要是育人,其次才是文化知识的学习。要求的是德才兼备,先德再才,把品德放在第一位。

高校的立身之本,在于立德树人,不论出现什么样的情况,不管再怎么改革,坚持把立德树人作为中心环节,把思想政治工作贯穿教育教学全过程,全方位育人,培养德智体美劳全面发展的人才,这也与传统文化的仁义礼智信不谋而合。

人无德不立,对于大学生思想政治教育工作一定要落实立德树人这一任务,不断提高学生的思想水平、政治觉悟、道德品质、文化素养,结合传统文化的理念,以树人为核心,立德为根本,从品德修养上下功夫,引导学生践行社会主义核心价值观。不管是传统文化层面还是思想政治教育层面,都要努力提高自己的品德修养,成为大爱大德的人,教育者要及时扭转不科学的导向,把德与才融入思想道德教育、文化知识教育、社会实践教育等各个环节,培养复合型人才、高素质人才。

(2)加强爱国主义教育,培养民族凝聚力。多姿多彩的文化是中华文明的重要组成部分,各民族共同促进了中华文化的形成与发展。中华56个民族,创造了源远流长的中华文化,各民族又发展着各异的文化,文化使各民族紧密联系到一起,虽各自文化形式不同,却同呼吸共命运。一个民族经过岁月长河的洗礼,形成了自有的文化形态,加上实践活动的开展,形成了独有的特色文化,这也是一个民族智慧的结晶与沉淀,彰显了民族生活的百态,也让整个民族有着悠久灿烂的历史和文明,成为弥足珍贵的中华文化。

文化是一个国家、一个民族的灵魂,人们对文化的认同感是与生俱来的,在特定的时期,对社会矛盾和阶级矛盾也进行了沟通与调节。对于我国优秀的传统文化,我们必须保持恭敬、学习的态度,这是毋庸置疑的。各民族本着对文化的认同,与腐败分子进行对抗,从爱国主义的角度出发去抵御他们、制裁他们,这都是文化凝聚力的一种表现形式。

民族凝聚力是民族内部间的相互吸引力,是推动各民族向前发展的一种内部力量,民族凝聚力是以爱国主义为中心的,它在各民族悠久历史文化的基础上产生和发展,也影响着一个国家和民族未来的发展。中华文明五千年历史都得益于民族凝聚力这一宝贵的精神财富,中华文化,博大精深。由此可见,传统文化教育对思想政治教育工作有着重要的地位,一定要积极挖掘传统文化所赋予的教育资源,继续传承潜藏在传统文化中的民族精神,发扬光大,这不仅有助于提升学生对民族文化的认同感,还能让其树立强烈的民族自信心和自豪感,进一步提升了民族凝聚力。

(3)不断去挖掘丰富的思想政治教育资源。古代的教育思想有许多都值得我们去传承,像"吾日三省吾身",就是很有效的一种教育,从言行举止上就能看出一个人的修养和品质。我们的传统文化一直都很注重培养道德素养,慢慢沉淀出真知灼见,"以文化人""以文育人"。因此,可以用古人的教育方式去启迪现代的大学生,把传统文化融入思想政治教育中,从根本上提升他们的思想政治水平和基本的道德素养。

1)圣贤教育是传统文化的核心,也是一直备受人们推崇的,也可以说是道德修养教育,可见,对道德修养的塑造是首要的。古代先烈们尚且用圣人、君子的标准来要求自己,那么我们当代人亦可以此作为行为规范和准则,借此提升自己的认知和社会责任意识。

2)我国的传统文化教育着重培养人的整体观念,将个人主义和功利主义排除在价值取向之外,要把民族和国家的利益放到第一位,在修养上做到天人合一,在为人处世中做到和而不同、严以律己、诚信待人,塑造理想型人格,遵循自然的生存法则。由于传统文化比较看重的是言传身教,所以教育方式上也因人而异,对人们始终是循序渐进地进行传授与感化。

3)思想家王守仁提出的知行合一的观点,传统文化教育甚至是今天的教师们都以此为准,在教学过程中,他们会不断地反思自己的行为,不断完善自己的教学方式,时刻让自己本着哲学家们、思想家们的思想观念来约束自己,有则改之,无则加勉。知行合一深化了道德意识的自觉性和实践性关系,对如今的青少年都有着深远的影响,新时代的教育工作都应该以此作为衡量教学的准则。

综上所述,传统文化所蕴含的丰富的教育资源是取之不尽用之不竭的。由于一些因素的影响,传统文化一度受到了不同程度的破坏,造成了传统文化在某些方面的缺失,甚至在一段时期内传统文化不被重视,使得它的价值没有被思想政治教育资源所普及和使用。所以,我们要对传统文化中隐藏的教育资源重新挖掘,发掘其价值并把它与思想政治教育相结合,完善如今的教育体系,优化课程设置,让大学生们在思想政治教育的领域能够融合多方资源,让内外文化都为我所用,创造出一套独有的思想政治教育体系。

(4)思想政治教育研究也需要拓宽视野。早在20世纪80年代,我国的特色社会主义思想政治教育体系就已经成立,且成为应用极广的学科,而且带着浓厚的政治色彩。一定程度上说,思想政治教育体系在政治功能上推动了社会主义事业的发展,可我们再从深层次去分析不难得出,思想政治教育并不是一门专门的学科,就社会层面上来说,它是共性地存在于教育实践活动中,只不过命名不同而已。我国的思想政治教育被赋予了浓厚的政治色彩,这也是区别于其他国家的不同之处,正是因为这样的色彩,使得接受思想政治教育的人们在学习的过程中会失去兴趣,让人感觉枯燥乏味,思维也受到了限制,被条条框框束缚住而无法更好地去进一步研究。

由于该学科具有上述的不足,所以人们对思想政治教育的观点也比较片面。改革开放后,更多的学者把精力放到了思想政治教育的研究中,打破局限,开阔视野,不断地探索,顺应时代的发展趋势,将传统文化与思想政治教育相结合,摒弃填鸭式教育模式,用深厚的文化底蕴去衬托政治的教育意义,避免了单一枯燥的传输,有效地改变了学生们对思想政治教育课的抵触,只有使用行之有效的方法,才能更好地培养他们的道德素养和爱国情操。通过这样的方式,学生们热衷文化的同时也爱上了政治,循序渐进的熏陶让他们达到知行合一的境界,从而成为对社会有用的优秀人才。

(5)思想政治教育学科创新的方法。时代的发展与进步,也打破了学科之间的限制,各个学科互相融合,在原有的基础上进行创新,这已经成为必然的趋势。学科之间的衔接以及某些方面的共性,都让知识点兼容,所以说学科不再是个体的存在,而是相互兼容,每一个学科经过这样的蜕变,都赋予了顽强的生命力。思想政治教育涉猎的内容很广,如哲学、美学、心理学及历史学等,所以从学科内容上看,人的要素占据主导作用,并要全面分析其蕴含的内容,才能发挥最大作用。经过这样一系列的整合,思想政治教育的发展一定是硕果累累的,同时也推动了我国的社会主义建设,并为此做出应有的贡献。

现代社会的发展正以人们无法想象的速度在高速进行着,这就与思想政治教育的发展拉开了距离,经济的发展和科技的进步,让人们的生活越来越方便,全新的消费理念和快餐主义,不断地冲击着人们的思想和消费观,在这样的形势下,本就在教学过程中显得吃力的思想政治教育,更是在对其提出教育改革的时候力不从心。基于此,更要根据当今大学生的认知和需要,将传统文化中所蕴含的知识和内容巧妙地融入思想政治教育中,这样才能让以文育人的传统文化进一步影响思想政治教育,拓宽其知识领域,将一直备受推崇的马克思主义理论和传统文化相融合,充分发挥其社会价值和凝聚力这一强大的效用。传统文化博大精深,要对其进行有效的开发利用,将传承至今的文化精神与当今社会文化的多种产物相结合,传播先进文化,推进民主法治,更好地进行社会主义经济建设,时代要求思想政治教育进行创新,多种途径的结合,必会让思想政治教育给人带来全新的改变,这也是大数据时代赋予大学生思想政治教育的任务与责任。

二、中华优秀传统文化融入大学生思想政治教育的路径

(一)开展传统文化实践活动

为了更好地促进优秀传统文化和大学生思想政治教育的深入结合,就需要将传统文化培育和传统文化实践结合起来,双管齐下,让大学生在实践中获得传统文化的熏陶和影响。对文化的学习不要仅局限于书本中,更应该走出去,对传统文化进行深入的了解和认知,让传统文化的魅力和价值在实践中得以升华。为了让更多的学生参与到传统文化的学习中,应该积极打造校园传统文化基地和传统文化交流平台。此外,还要开展以传统文化为主题的各种社会实践活动,并鼓励学生进行策划和讲解,让学生自觉地进行传统文化的建设和传播,提高传统文化的校园影响力。

(二)创办传统文化艺术节

新时期环境中,应该更加有创新意识地将优秀传统文化和大学生的思想政治教育结

合起来,让优秀传统文化在新的时代背景下产生更加丰富的教育意义和传播价值。青年学生是成长于新时代的一批社会中坚力量,只有加强教学形式的创新发展,才能促进传统文化课堂教学的效率和价值。可以举办各种传统文化艺术节,将传统文化以各种方式融入学生的现实生活中来提升学生对传统优秀文化的热情,这样才能激发学生学习传统文化的自觉性和积极性。

具体来说,可以各种传统节日为切入点,利用各种庆典和艺术节如清明祭祖、中秋赏月、重阳敬老等方式来促进传统文化和大学思想政治教育的结合。这对于大学生传承传统习俗和学习传统优秀文化来说具有重要的意义,有利于激发学生学习传统文化的积极性。

(三)注重传统文化课堂教学

立德树人是教育的根本意义,培育个人德行和发展个人能力也是其根本出发点。因此有必要对传统文化教育的积极意义予以把握,在课堂教学中创新性地融入优秀传统文化的教育,这对于培养学生良好的个人品行来说也具有积极的意义。其一,在大学生思想政治教育课程中融入优秀的传统文化,对课程设置也要把握灵活度,进行各种传统文化必修和选修课程的设置,这样可以使大学生充分认识到传统文化的价值和魅力。其二,高校要重视思想政治教育课程师资队伍的建设,使教师积极参与各种培训课程,让教师的教学素质得以不断地提升。其三,只有高度重视传统文化的教育意义,才能更好地促进其和大学生思想政治教育课程的结合,让传统文化获得更多的发展空间。

(四)创新传统文化传播方式

随着互联网技术的发展和新媒体时代的到来,文化传播有了更加多样化和便捷化的方式,人们在互联网上获取信息资源的方式也更加丰富,这给传统课堂教学带来了非常大的冲击。因此,思想政治教育也应该与时俱进,更好地适应社会发展需求,如此才能不被淘汰,要充分发挥互联网信息技术和新媒体平台的优势,促进中华优秀传统文化的传承和发扬。建立传统文化和思想政治线上教育平台,通过线上结合线下的教育方式,加强传统文化的辐射群体,让优秀的传统文化教育影响力得以不断扩展;还可以运用校园微博、微信公众号等新媒体平台,定期推送优秀的传统文化故事和传统习俗,以丰富学生的课余生活。

结束语

在当今时代,经济全球化、社会信息化和思想文化多元化交织,为大学生思想政治教育带来了前所未有的挑战与机遇。思想政治教育工作者必须紧跟时代步伐,以创新思维和科学方法推动教育工作的高质量发展。本书围绕大学生思想政治教育的理论与实践展开系统研究,旨在为新时代思想政治教育工作提供理论支持与实践指导。

本书从大学生思想政治教育的理论前提入手,深入探讨了其核心理念、教育格局与价值发展。通过对这些基础理论的剖析,为后续研究奠定了坚实的理论基础。在理想信念教育方面,本书分析了其与大学生思想政治教育的内在关系,深入探讨了影响大学生理想信念形成的关键因素,并提出了切实可行的提升路径,为引导大学生树立正确的世界观、人生观和价值观提供了理论依据。

在日常思想政治工作与思想政治理论课的融合路径研究中,本书不仅剖析了二者之间的关系、差异与统一性,还提出了具体的融合策略。这一研究为实现日常思想政治工作与思想政治理论课的有机衔接提供了科学指导,有助于提升思想政治教育的整体效果。在网络思想政治教育领域,本书深入讨论了网络传播、大数据等现代技术在思想政治教育中的作用,并探索了网络思想政治教育的创新路径,为适应新媒体时代的思想政治教育提供了新的思路与方法。

在队伍建设方面,本书详细解析了大学生思想政治教育队伍的内涵、特点、建设内容及路径,为打造高素质的思想政治教育队伍提供了全面的指导。最后,本书聚焦于新形势下大学生思想政治教育工作的创新路径,探讨了智慧课堂、网络思想政治教育生态化以及中华优秀传统文化融入思想政治教育的具体路径,为思想政治教育的创新发展提供了多元化的思路与方法。

通过系统的研究与分析,本书不仅展现了理论创新与学术价值,更对我国高校思想政治教育的发展具有重要的现实意义。我们相信,在全体思想政治教育工作者的共同努力下,大学生思想政治教育工作必将不断开拓创新,为培养德智体美劳全面发展的社会主义建设者和接班人做出更大的贡献。

参考文献

[1]冯刚.思想政治教育研究热点年度发布2023[M].北京:团结出版社,2024.

[2]陈国秀.以习近平文化思想引领高校思想政治教育路径探究[J].思想教育研究,2024,(9):121-125.

[3]李忠军.大学生思想政治教育目标新探[J].思想理论教育导刊,2013,(12):96-101.

[4]刘鑫,师吉金.浅谈校园文化建设与大学生思想政治教育[J].锦州医科大学学报(社会科学版),2019,17(2):89-91.

[5]田永静,颜吾佴.世界多极化对大学生理想信念的影响及教育引导分析[J].湖南社会科学,2016,(3):200-205.

[6]冯刚,高静毅.思想政治理论课与日常思想政治教育协同育人的实践维度考察[J].中国高等教育,2019,(17):32-35.

[7]骆郁廷.论网络思想政治教育的主体与客体[J].马克思主义与现实,2016,(2):1-7.

[8]车飘飘.网络时代大学思想政治教育的创新发展研究[J].文化创新比较研究,2021,5(7):8.

[9]胡永松.新时代背景下大学生思想政治教育创新研究[M].北京:国家行政学院出版社,2018.

[10]沈壮海.思想政治教育有效性研究[M].3版.武汉:武汉大学出版社,2017.

[11]黄蓉生.新时代高校思想政治教育创新发展的根本取向[J].思想理论教育导刊,2023,(3):100-101.

[12]骆郁廷,靳文静.深化高校思想政治教育质量评价的思考[J].思想教育研究,2024,(1):52-53.

[13]李辉,林丹萍.新时代高校思想政治教育的系统思维[J].思想政治教育研究,2022,(11):105-106.

[14]王丹.新时代高校思想政治教育话语体系创新的情感向度[J].思想政治教育研究,2023,10(10):33-34.

[15]闫冬,张澍军.新时代提升高校网络思想政治教育实效性的问题与对策[J].东北师大学报(哲学社会科学版),2024,(3):137-143.

[16]胡小娱.以系统观念推进高校思想政治教育高质量发展[J].学校党建与思想教育,2023,(12):55-58.

[17]谈传生,赵泽铭.智能思政的价值意蕴、现实挑战及应对策略[J].思想政治教育研究,2024,(6):166-167.

[18]曲建武,刘越.准确把握数字化时代高校辅导员工作的"变"与"不变"[J].思想政治教育研究,2023,(12):160-161.

[19]高娟."Z世代"大学生思想政治教育交互模式探析[J].江苏高教,2024,(4):113-114.

[20]牛夏琳.从校园文化建设着手提升高校立德树人质量[J].山西经济管理干部学院学报,2024,(3):57-58.

[21]张成龙,任春英.党史学习教育融入大学生思想政治教育的价值意蕴与路径选择[J].学校党建与思想教育,2023,(18):43-44.

[22]曲建武,赵晨旭,张璐杨.高校辅导员开展大学生思想政治教育应把握好"四个维度"[J].学校党建与思想教育,2023,(9):80-83.

[23]李艳,史云贵.新时代高校立德树人的核心要义、实践困境与破解机制[J].湘潭大学学报(哲学社会科学版),2023,47(5):147-152.

[24]陈琪.新时代高校立德树人的四重逻辑[J].教育理论与实践,2023,43(3):3-6.

[25]文林波,张雄艳.以红色文化教育提升大学生思想政治教育实效性研究[J].湘潭大学学报(哲学社会科学版),2024,48(2):125-131.

[26]曲艺.高校思想政治工作体系与效能提升路径[J].山西财经大学学报,2023,45(202):136-138.

[27]刘玉方,王琳.高校思想政治教育体系化设计研究[J].思想政治教育研究,2019,(9):116-119.

[28]陈海燕.论高校教师思想政治教育存在的问题及其解决路径[J].学校党建与思想教育,2018,(8):92-93.

[29]刘建军,邱安琪.论新时代思想政治教育的高质量发展[J].思想教育研究,2021,(4):49-54.

[30]张智.思想政治教育治理体系现代化的价值要义与基本特征[J].广西社会科学,

2021,(12):199.

[31]李亚美.新时代高校思想政治教育课程体系的生成逻辑与制度保障[J].学校党建与思想教育,2021,(7):25-28.

[32]冯刚,徐先艳.现代性视域中思想政治教育治理的生成逻辑、基本内涵及时代价值[J].教学与研究,2021,(5):85-95.

[33]曲建武,张晓丹.着力建设好高校思想政治教育教师队伍[J].中国大学教学,2022,(4):60-65.